中宣部2020年主题出版重点出版物

中国脱贫攻坚故事丛书

# 中国脱贫攻坚

# 盐池故事

国务院扶贫办　组织编写

中国出版集团

研究出版社

**图书在版编目 (CIP) 数据**

中国脱贫攻坚 . 盐池故事 / 国务院扶贫办
组织编写 . -- 北京 : 研究出版社 , 2020.11
ISBN 978-7-5199-0789-1

Ⅰ . ①中… Ⅱ . ①国… Ⅲ . ①扶贫 – 工作经验 – 案例 –
盐池县 Ⅳ . ① F126

中国版本图书馆 CIP 数据核字 (2019) 第 262895 号

**中国脱贫攻坚　盐池故事**
ZHONGGUO TUOPIN GONGJIAN　YANCHI GUSHI

国务院扶贫办　组织编写

责任编辑：寇颖丹

研究出版社 出版发行
（100011　北京市朝阳区安华里 504 号 A 座）

**河北赛文印刷有限公司　新华书店经销**

2020 年 12 月第 1 版　2020 年 12 月北京第 1 次印刷
开本：787 毫米 ×1092 毫米　1/16　印张：14
字数：193 千字

ISBN 978 – 7 – 5199 – 0789 – 1　定价：53.00 元

邮购地址 100011　北京市朝阳区安华里 504 号 A 座
电话（010）64217619　64217612（发行中心）

## “中国脱贫攻坚　盐池故事”编审指导委员会

主　任：刘永富　谭　跃

副主任：欧青平　洪天云　陈志刚　夏更生　黄志坚

委　员：海　波　陈武明　苏国霞　王光才　黄　艳　左常升
曲天军　杨　炼　许健民　桑　明　黄承伟　刘俊文
李富君　陆春生　李　岩　陈永刚

评审专家组：（按姓氏笔画排序）

于鸿君　王晓毅　艾四林　左　停　叶敬忠　向德平
刘晓山　张　琦　张志明　张丽君　陆汉文　和　龚
郑风田　郝振省　曹　立

1936 年，中国工农红军占领盐池，建立了工农（亦称苏维埃）政权。图为红色盐池雕塑

盐池县境内有隋、明长城四道 259 千米，有花马池城等三座大城和安定堡等古城堡 19 座、烽火墩堠 180 多个，俗称“长城博物馆”

爱国主义教育基地——盐池革命历史纪念园

盐池县旅游景点——长城关

参观盐池革命烈士纪念园，开展革命传统教育

盐池县城古城墙一角

盐池县传统民俗活动——游九曲

盐池县通达陕甘宁蒙四省（区）七县的公路交通网络

火车开到俺家乡——盐池站

盐池县春节期间城乡人民文化活动场景

# 目 录

CONTENTS

序　言 | 001

01 这里缘何穷根深扎

第一节　昔日盐池 ...... 005

第二节　精准扶贫前的贫困状况 ...... 009

第三节　贫困的主要特征 ...... 013

第四节　贫困的主要因素 ...... 019

02 脱贫攻坚是拔掉穷根的必由之路

第一节　脱贫攻坚历程 ...... 038

第二节　脱贫攻坚概况 ...... 050

第三节　脱贫攻坚的显著成效 ...... 057

03 脱贫是“干”出来的

第一节　凝聚党政干部之力共战贫穷 ...... 116

第二节　驻村第一书记：捧着一颗心来，不带半根草去 ...... 131

第三节　闽宁协作“扶真贫真脱贫” ...... 138

第四节　“金融活水”浸润脱贫富民路 ...... 148

第五节　“扶贫保”撑起脱贫保护伞 ...... 152
第六节　屋顶上的“金太阳” ...... 155

04 率先脱贫带给脱贫攻坚战的启示

第一节　强化党建引领脱贫富民工作 ...... 162
第二节　在脱贫攻坚中锤炼干部作风 ...... 166
第三节　激发贫困户脱贫致富的内生动力 ...... 170
第四节　脱贫攻坚助推乡村振兴 ...... 177

05 贫困再见，小康你好

第一节　“我们脱贫了” ...... 198
第二节　“有了党的好政策，才有了我们今天的好日子！” ...... 201
第三节　“明天一定更加美好” ...... 203

后　记 | 207

# 序 言

PREFACE

习近平总书记指出："我们搞社会主义，就是要让各族人民都过上幸福美好的生活。全面建成小康社会最艰巨最繁重的任务在贫困地区，特别是在深度贫困地区，无论这块硬骨头有多硬都必须啃下，无论这场攻坚战有多难打都必须打赢，全面小康路上不能忘记每一个民族、每一个家庭。"

"到 2020 年我国现行标准下农村贫困人口实现脱贫，是我们的庄严承诺。一诺千金。"习近平总书记在 2018 年新年贺词中坚定地说。

宁夏回族自治区第十二次党代会提出，大力实施脱贫富民战略，增强人民群众的获得感和幸福感。在提高经济发展水平的同时，实实在在提高人民群众的富裕程度和生活质量，让经济发展的成果更多转化为富民成果，让广大老百姓得到更多实惠。

盐池县所在地域素有"苦瘠甲天下"之称。生活在这里的人们千百年来一直在同干旱和贫瘠"鏖战"。

革命老区、边远山区、贫困地区，盐池县的"三区"组合曾是一张撕不掉的"贫困标签"。盐池县长期以来戴着一顶"国家级贫困县"的帽子。摆脱贫困，是盐池人民多年来的夙愿。

改革开放 40 余年来，盐池县走过了一条艰难的扶贫开发之路。党的十八大以来，盐池县按照中央的统一部署和区、市党委和政府的要求，创造性地实施了金融扶贫，走出了一条"依托金融创新推动产业发展、依靠产业发展带动贫困群众增收"的特色脱贫之路，推进扶贫开发由"输血式"向"造血式"转变，使贫困地区面貌和贫困群众的生产生活发生了翻天覆地的变化。

2018 年 9 月 29 日，宁夏回族自治区人民政府正式批复《关于申请批准盐池县脱贫退出的请示》，盐池县正式退出贫困县序列，成为自治区第一个实现脱贫摘帽的县。这是宁夏回族自治区各级党委和政府在以习近平同志为核心的党中央领导下，增强“四个意识”、坚定“四个自信”、做到“两个维护”，在向着第一个百年奋斗目标奋进路上、在脱贫攻坚实践中坚决贯彻落实党中央决策部署而获得的胜利果实。

千年脱贫梦，今朝终得圆。对于盐池县人民来说，这是一个历史性的时刻，这是一项伟大的成就，这是在贫苦土地上立下的一座丰碑。客观地说，盐池县的脱贫实践极具社会价值和历史意义。回顾盐池县脱贫的故事，既是对当地扶贫攻坚的总结，也是对当前尚跋涉在脱贫攻坚路上的兄弟地区的激励和启示，更为我国乃至世界减贫事业提供了一份生动的实践样本。

滩羊之乡　多彩盐池

01

Chapter

# 这里缘何
# 穷根深扎

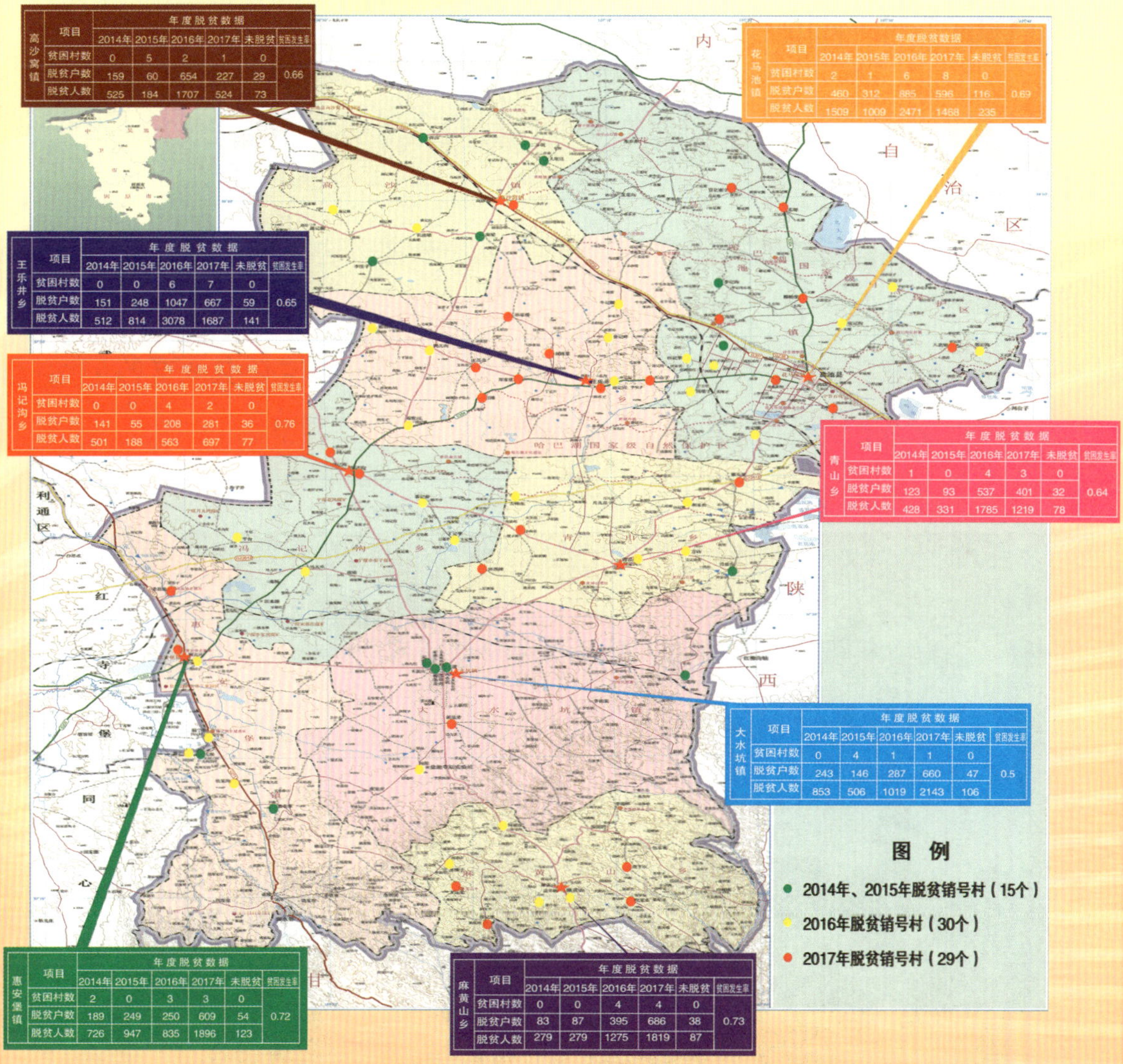


| 高沙窝镇 项目 | 2014年 | 2015年 | 2016年 | 2017年 | 未脱贫 | 贫困发生率 |
| --- | --- | --- | --- | --- | --- | --- |
| 贫困村数 | 0 | 5 | 2 | 1 | 0 | 0.66 |
| 脱贫户数 | 159 | 60 | 654 | 227 | 29 | |
| 脱贫人数 | 525 | 184 | 1707 | 524 | 73 | |

| 花马池镇 项目 | 2014年 | 2015年 | 2016年 | 2017年 | 未脱贫 | 贫困发生率 |
| --- | --- | --- | --- | --- | --- | --- |
| 贫困村数 | 2 | 1 | 6 | 8 | 0 | 0.69 |
| 脱贫户数 | 460 | 312 | 885 | 596 | 116 | |
| 脱贫人数 | 1509 | 1009 | 2471 | 1468 | 235 | |

| 王乐井乡 项目 | 2014年 | 2015年 | 2016年 | 2017年 | 未脱贫 | 贫困发生率 |
| --- | --- | --- | --- | --- | --- | --- |
| 贫困村数 | 0 | 0 | 6 | 7 | 0 | 0.65 |
| 脱贫户数 | 151 | 248 | 1047 | 667 | 59 | |
| 脱贫人数 | 512 | 814 | 3078 | 1687 | 141 | |

| 冯记沟乡 项目 | 2014年 | 2015年 | 2016年 | 2017年 | 未脱贫 | 贫困发生率 |
| --- | --- | --- | --- | --- | --- | --- |
| 贫困村数 | 0 | 0 | 4 | 2 | 0 | 0.76 |
| 脱贫户数 | 141 | 55 | 208 | 281 | 36 | |
| 脱贫人数 | 501 | 188 | 563 | 697 | 77 | |

| 青山乡 项目 | 2014年 | 2015年 | 2016年 | 2017年 | 未脱贫 | 贫困发生率 |
| --- | --- | --- | --- | --- | --- | --- |
| 贫困村数 | 1 | 0 | 4 | 3 | 0 | 0.64 |
| 脱贫户数 | 123 | 93 | 537 | 401 | 32 | |
| 脱贫人数 | 428 | 331 | 1785 | 1219 | 78 | |

| 大水坑镇 项目 | 2014年 | 2015年 | 2016年 | 2017年 | 未脱贫 | 贫困发生率 |
| --- | --- | --- | --- | --- | --- | --- |
| 贫困村数 | 0 | 4 | 1 | 1 | 0 | 0.5 |
| 脱贫户数 | 243 | 146 | 287 | 660 | 47 | |
| 脱贫人数 | 853 | 506 | 1019 | 2143 | 106 | |

| 惠安堡镇 项目 | 2014年 | 2015年 | 2016年 | 2017年 | 未脱贫 | 贫困发生率 |
| --- | --- | --- | --- | --- | --- | --- |
| 贫困村数 | 2 | 0 | 3 | 3 | 0 | 0.72 |
| 脱贫户数 | 189 | 249 | 250 | 609 | 54 | |
| 脱贫人数 | 726 | 947 | 835 | 1896 | 123 | |

| 麻黄山乡 项目 | 2014年 | 2015年 | 2016年 | 2017年 | 未脱贫 | 贫困发生率 |
| --- | --- | --- | --- | --- | --- | --- |
| 贫困村数 | 0 | 0 | 4 | 4 | 0 | 0.73 |
| 脱贫户数 | 83 | 87 | 395 | 686 | 38 | |
| 脱贫人数 | 279 | 279 | 1275 | 1819 | 87 | |

（以上各表表头均为“年度脱贫数据”）

盐池县脱贫攻坚任务分布图

“贫困再见，小康你好。”2018 年 10 月 16 日，在盐池县脱贫退出现场会后，盐池县王乐井乡曾记畔村党支部书记朱玉国在笔记本上郑重地写下了这八个字。

此前在 9 月 29 日，宁夏回族自治区人民政府在《关于盐池县脱贫退出的批复》中指出：“根据国家贫困县退出专项评估检查结果，吴忠市盐池县综合贫困发生率为 0.66%，没有发现错退和漏评问题，群众认可度 97.71%，符合贫困县退出条件。”盐池县是宁夏九个贫困县区中第一个实现脱贫摘帽的县。

对于世世代代同贫困“鏖战”的盐池县人民来说，这一句“道别”，既饱含着无限的付出和汗水，也蕴藏着无限的豪情与甘美。

盐池县脱贫，进一步鼓舞了宁夏回族自治区其他贫困县脱贫致富的斗志，也为国家深度贫困县特别是革命老区脱贫攻坚提供了样本。

2018 年 10 月 16 日，宁夏回族自治区党委、政府在盐池县召开脱贫退出现场会

## 第一节　昔日盐池

沧海桑田，世事变迁。盐池县饱经了历史的忧患和苦难，也承载过盛世的光辉和灿烂。近代以来，盐池人民在反封建、反压迫、争自由斗争中，浴血奋斗，前仆后继。1911 年 11 月 17 日，盐池县狼洞沟人高登云在灵州（今灵武）领导农民起义，响应反帝反封建的辛亥革命。义军迅速发展到一千多人，号称“灵州复汉军”，高登云任大元帅。

1926 年冬，冯玉祥率国民革命军进驻宁夏，并派部驻盐池县。该部中的中国共产党组织在盐池宣传革命，发展党员，建立起第一个党支部。1928 年后，刘志丹、谢子长等革命先驱曾亲临盐池开展斗争，并派人前来做宣传、发动群众的工作。

1936 年 6 月，红军西征部队解放定边后，向盐池挺进

1935年10月，中央红军经过二万五千里长征胜利到达陕北。为了扩大抗日根据地，迎接二、四方面军出草地，继东征之后，党中央又决定西征。由红一军团和红十五军团组成西征野战部队。1936年6月21日，西征部队右路军之七十八师全体指战员在师长韩先楚、政委崔田民的率领下，攻克了盐池县城，解放了盐池县大片土地，建立了宁夏第一个县级红色政权，成立了中共盐池县委和盐池县苏维埃政府（“七七”事变后改为盐池县人民政府），隶属陕甘宁边区三边专署。自此，盐池县成为陕甘宁边区的经济中心、西北门户、前哨阵地和解放宁夏的干部培训基地、后勤保障基地。在陕甘宁边区时期，盐池人民在党中央、毛主席的领导下，在县委和县政府的直接带领下，打土豪、分田地，发展党、团组织，建立革命政权，出人出物，支援抗日。

盐池县盐湖过去生产食盐的场景

历史上，盐池县盛产食盐。抗战时期，盐池县因盐被誉为陕甘宁边区经济建设的重要富源。毛泽东主席在 1941 年指出：“定（边）盐（池）是边区的经济中心。”从 1937 年到 1945 年的八年全面抗战中，陕甘宁边区政府工商税的主要来源为盐池县的食盐，食盐税收占比高达 46.6%。其中 1937 年陕甘宁边区政府工商税的 100% 来源于食盐。

抗日战争胜利后，盐池县又开展了轰轰烈烈的大生产运动，成立地方武装，建立互助组、合作社，发展文化教育，反奸防特。接着，进行第一次土改，组织游击队，打击还乡团，抗灾自救，支援解放宁夏。

13 年峥嵘岁月，盐池人民为革命做出了重大贡献。许多优秀的盐池儿女参加革命，大批物资被不断地送往前线。不少人在保家卫国、解放全中国的战斗中献出了鲜血和生命，留下了许多可歌可泣的英雄故事，为盐池的历史写下了厚重的篇章。

1949 年 10 月 1 日新中国成立后，毛泽东主席收到延安人民的贺函。10 月 26 日，毛主席就给延安和陕甘宁边区人民发来复电。复电指出：“延安和陕甘宁边区的人民对于全国人民是有伟大贡献的”，“祝延安和陕甘宁边区的人民继续团结一致，迅速恢复战争创伤，发展经济建设和文化建设”。在复电精神鼓舞下，盐池人民豪情满怀，斗志昂扬，积极投入社会主义革命和社会主义建设洪流中。

盐池县烈士纪念塔（1952 年修建）

## 第二节　精准扶贫前的贫困状况

一间没有门的土房，在墙上掏个洞挂个布帘，就是盐池县花马池镇苏步井村村民吴占云的家。他种的旱地，一年到头打不了几百斤粮食。有一年冬天，他到内蒙古打工，快过年了，工地上没发工钱，就给每人发了一只母山羊，扛回来宰了 30 斤肉，一张羊皮卖了 36 元钱，全家人就用 36 元钱办了年货。数十年前的盐池县，像吴占云这样的贫困户比比皆是。

20 世纪 80 年代，盐池县中北部农村的住房及环境

位于毛乌素沙漠的西南前沿，地处河西走廊风沙流大通道出口，处于宁夏中部干旱、沙漠化地带的东部，盐池县独特的地理位置，使其成为中国乃至世界遭受沙漠化危害最为严重的县域之一。

20 世纪 90 年代，盐池县苏步井乡沙漠吞噬农民住房的情形

历史上，盐池县地处北方游牧文化和中原农耕文化交汇地带，传统农牧业思想根深蒂固。加之资源欠缺、生产方式落后，且地处宁夏南部山区，属于老少边穷地区，因此经济社会发展速度较为缓慢。

生态环境、自然资源、人口结构、生产方式、历史文化、区域条件等不利因素的限制，使盐池县很长时间摆脱不了一个“穷”字。

盐池县地域面积大，属中温带大陆性气候，适合发展种植、养殖业。但过去，由于受干旱、风沙等自然条件制约，加上滥垦、滥挖、滥牧，生态环境逐年恶化，生产基础条件差，生产力水平低下，农业经济发展缓慢，粮食产量极不稳定。1982 年，全县农民人均纯收入只有 63 元，人均产粮 190 千克，处于吃粮靠返销、生活靠救济、生产靠贷款的极度贫困局面。

1983 年，盐池县被列为国家“三西”农业建设专项资金扶持的贫困县之一，当年全县 75% 以上的群众无法满足温饱。尽管粮食和畜牧业产量逐年有所提高，但受自然灾害和生产力低下等因素影响，农民收入极不稳定，

20 世纪 80 年代以前，盐池县中北部农村土地沙化的严重情形

有 75% 的农民群众生活在国定贫困标准线以下。

盐池县委、县政府认真贯彻执行“依靠群众，依靠集体力量，以生产自救为主，辅之以国家必要的救济”的方针，及时发放救济粮款。

1972 年至 1982 年，全县共发放救灾款 708.1 万元。同时加强社会赈济工作，对丧失劳动力的困难户给予救济或收容安置。

1951 年至 1982 年，盐池县共发放城乡社会救济款 314.2 万元。1981 年到 2000 年 20 个年头里，盐池县多数年份分别遭遇干旱、冰雹、洪水、沙尘暴等重大自然灾害，其中以 1983 年 4 月 27 日特大沙尘暴、1994 年“8・5”洪灾和 1999 年“7・13”特大洪涝灾害最为严重。组织救灾赈济，帮助受灾群众渡过难关，成为政府有关部门工作的常态。

20 世纪 80 年代以前，遇灾荒年景，盐池县农民群众主要靠捡发菜、挖甘草等补贴家用，但也因此严重破坏了草原植被，生存环境进一步恶化。

1982 年，盐池县 70% 以上的农民群众处于绝对贫穷状态（恩格尔系

盐池县历史上干旱少雨、风多沙大、水土流失严重，图为盐池县境内黄土沟壑地区地貌

数在 70% 以上）。1987 年，盐池县没有达到温饱水平的贫困户达 2909 户 14857 人。1994 年，根据《国家八七扶贫攻坚计划》和《宁夏“双百”扶贫攻坚计划》精神，盐池县按照“人均收入 300 元以下，有粮 300 千克以下为极贫户；人均收入 301—500 元，有粮 300 千克为贫困户；人均收入 501 元以上，有粮 300 千克以上为基本解决温饱户”的界定标准，最后确定全县贫困户约为 6000 户 3 万余人。

# 第三节　贫困的主要特征

盐池县农村贫困人口产生的原因，主要是受干旱、沙漠化等极端恶劣的自然环境限制，劳动生产收入难以维持最低生活需求。家庭人口多，缺乏劳动力，收入渠道不宽，除农牧业生产外，工副业等经营性收入较少。此外，疾病困扰、受教育程度较低、缺乏科学知识和先进的生产技能等也是产生贫困人口的主要原因。据有关部门调查资料显示，盐池县低收入家庭一般具有以下特征：

## 一、沉重不堪的家庭负担

其一，家庭人口多。低收入户家庭人口平均为 5.16 人，37.5% 是夫妇与三个孩子以上的家庭，23.3% 是三代同堂，即 60% 是大家庭。家庭中孩子

盐池县 20 世纪 90 年代农村妇女的负担较重

和老人较多，劳动力负担系数大，就业渠道少，收入来源不稳定。

20 世纪 50 年代盐池县农村小学校舍

其二，劳动力文化程度普遍偏低。低收入户中 29.0% 的劳动力是文盲，38.4% 的劳动力是小学文化程度。文化程度低者一般是年龄较大的农民，文化知识和劳动技能的欠缺限制了他们就业。

其三，病、残长期困扰弱势群体的问题突出。大多数低收入贫困家庭有残疾人或慢性病、疑难病患者，以及无收入来源的老人户等。因病、因残致贫等社会因素上升。

因病、因残致贫是盐池县贫困的主要原因之一

## 二、微薄单一的收入结构

靠天吃饭的自然小农经济。盐池县是农牧业大县，农牧业收入成为农村家庭收入的主要来源。1980 年农村实行联产承包责任制以前，农牧业收入主要归集体所有，农户个人仅有的一点自留地、自留羊产量极少，对家庭收入的补充微乎其微。从 1981 年“包产到户”开始，农村劳动力得到极大解放，农牧业产量总体稳中有升。但受干旱、沙漠化等自然灾害因素影响，人们收入极不稳定。就盐池县而言，从“包产到户”后的 1981 年一直到 2000 年，农牧业收入占农民全年总收入的比重仍然居高不下，从另一个方面也说明了农民收入渠道单一，尤其是家庭经营性收入增长缓慢。

盐池县传统的加工方式——驴推磨碾粮食

盐池县传统农业生产方式——磨地

盐池县农村传统的畜力耕种

影响农民收入的主要因素——经济环境的变化，对贫困户收入结构产生直接影响，其变化特征如下：其一，家庭经营能力的弱化。1983—2004 年，盐池贫困户家庭经营性纯收入占纯收入的比重从 87.3% 下降到 63.18%。而全区农民家庭经营性纯收入比重从 93.69% 下降到 64.91%。其二，贫困户更多倾向于外出打工。1985 年，盐池县农村住户家庭总收入构成中，经营性收入最多，为 90490 元，占家庭全年总收入的 84.3%。全年人均总收入中，家庭经营性收入为 363.1 元，占全年人均总收入 432.6 元的 83.9%。人均全年从集体统一经营中得到的收入为 22.8 元，仅占人均全年总收入的 5.2%。2000 年，盐池县农村住户家庭经营性收入为 1589 元，占人均总收入 2017 元的 78.7%；人均纯收入中，家庭经营性收入为 768 元，占家庭纯收入 1136 元的 67.6%。2005 年，盐池县农村住户家庭经营性收入为 2956 元，占家庭人均总收入 3769 元的 78.4%；人均纯收入中，家庭经营性收入为 1207 元，占人均家庭纯收入 2005 元的 60.1%。

1990 年 7 月，盐池县柳杨堡乡沙边子村全国劳动模范李玉芬夫妇正在平沙造地

全国治沙劳动模范白春兰一家立足沙边子植树造林，改善生存环境

通过将上述数据进行对比说明，家庭经营性收入是影响家庭总收入和纯收入的主要因素。盐池县农村家庭收入构成中，排在第二位的是工资性收入，主要指劳动务工收入。2000 年，盐池县农村人均家庭工资性收入为 311 元，占家庭人均总收入的 15.4%，占家庭人均纯收入的 27.3%；2005 年，全年人均工资性收入为 380 元，占全年人均总收入的 10.08%，占全年人均纯收入的 18.9%。

# 第四节　贫困的主要因素

精准扶贫之前，盐池县农村经济发展缓慢，农村贫困人口不断脱贫又不断返贫，主要有以下几个方面的原因：

## 一、水资源短缺，自然环境恶劣

盐池县地处黄河水系和内陆水系分水岭地区，无客水入境，全靠降水形成地下水。由于干旱少雨，年均降水量只有 296.5—352 毫米，干旱多风，蒸发强烈，地下水十分缺乏。

20 世纪 80 年代到 90 年代初期，盐池县农村饮水仍十分困难。图为畜力提水场景

2013 年，盐池县部分农村饮水仍然困难，农民的生活用水要到较远的水源地拉运

盐池县境内不仅水资源匮乏，而且水质较差。据盐池县 1983 年 4 月至 1984 年 10 月完成调查、1985 年 6 月形成的报告显示，盐池县境内大部分地区水质矿化度高，含氟量超过人畜饮用标准。多数地下水、地表水的含氟量在 1.5 毫克 / 升以上。1986 年 6 月据县卫生防疫部门和水利部门普查，按水中含氟量的卫生指标衡量，全县氟病区 80 个大队 84719 人，氟病区人口占全县总人口的 81.5%。

20 世纪 90 年代以前的盐池农村严重缺水，地下水不但距地表深，
而且水质很差。图为人力提水场景

20 世纪 90 年代初，盐池县农村饮水仍非常困难。图为提取井水喂牲畜

由于长期饮用高氟水，20 世纪 80 年代以前，盐池县中北部地区氟中毒的人特别多，当地人将其称作“氟骨病”。患上此病者不但丧失劳动能力，而且发作起来会产生撕心裂肺的疼痛，令人无法忍受。

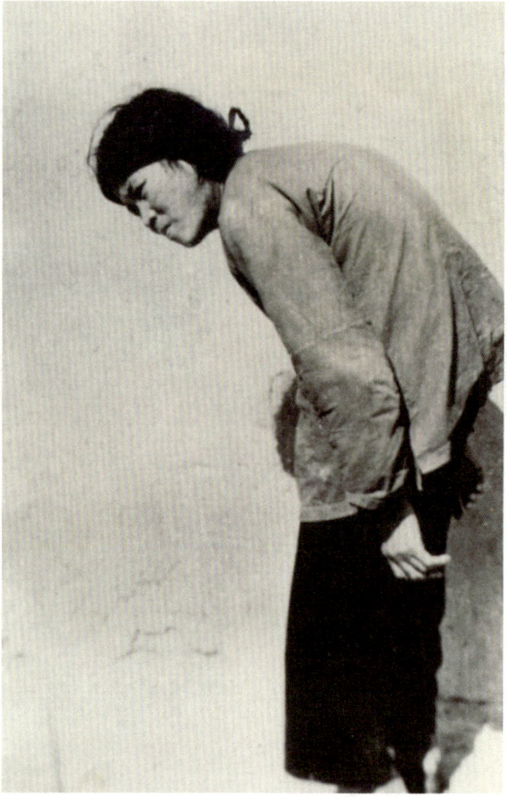

盐池县地方性氟中毒大骨节典型病人

据 2000 年前后调查统计，柳杨堡乡东塘村 330 多位村民中，有 10%—15% 的村民患有此病。在苦咸水、高氟水分布的地区，有从 30 岁开始就瘫痪在炕上的老人，有腿已变形行走蹒跚的中年人，至于牙齿带有黄斑的村民、儿童更是不计其数。

为了解决吃饭、人畜饮水问题，截至 1965 年，盐池县共打土圆井 800 多眼。1973 年打出第一眼深机井，到 1979 年深机井发展到 242 眼。1999 年，全县共有深机井 589 眼，年开发地下水达到 1600 万立方米。

20世纪70年代，主要井灌区机井水水位在20米到30米之间，2000年已经下降到90米左右。随着地下水位的下降，地下水上方湿土层的上线也在下移。遇到干旱年份，地表的干土层越来越厚，致使原有的一些防沙性能好、饲养价值高、生命力较强的植物如蓑草等逐渐灭绝。地下水的过度开采导致地表干燥，所有植物的成活和生长难度增加，土地荒漠化愈演愈烈。

## 二、自然灾害严重

盐池县的自然灾害主要有干旱、风沙、霜冻、冰雹、洪灾、热干风等，其中以干旱、风沙对农牧业生产危害为最大，其次是霜冻。冰雹虽然一般多在局部地区发生，但危害严重。

据统计，1954—1982年间遭遇不同程度的旱灾的年份有25年，其中严重旱灾七年，严重霜冻两年，局部地区雹灾五次，风沙灾害几乎每年都有不同程度的发生。民间有“三年两头旱，十种九不收”之说。

1983年4月27日午后4时许，全县出现历史上少见的沙尘暴，天空突然昏暗，浓密沙尘从西北方向铺天而来。天空始呈灰黄色，续显橘红色，大风狂作以致对面不见人影。室内如黑夜，人感呼吸困难，许多小儿惧啼。约3个小时后，沙尘渐失，但狂风终夜未停，晚上9点后又有阵雪。全县在这场沙尘暴中死亡4人，受伤8人，丢失死亡羊畜3万多只。

1994年8月5日，县城普降大到暴雨，使盐池县遭受百年不遇的特大洪涝灾害。全县受灾人口2.9万人，死亡13人，重伤10人，倒塌损坏房屋5466间，使385户1648人无家可归，直接经济损失3200万元，重点灾区在县城北门外及其以西地区。

1983 年 4 月 27 日下午 4 时，盐池县遭遇特大沙尘暴袭击，黄沙滚滚，黑压压的沙尘如同一面墙向前推进

1994 年 8 月 5 日，盐池县遭受特大洪涝灾害，损失极为严重

1994 年 8 月 5 日，被洪水围困的盐池县保险公司

1996 年，盐池县惠安堡镇贾记圈灌区部分地块遭受洪水冰雹袭击，损失严重

2016 年，盐池县严重干旱，致使农作物减产甚至绝收

## 三、产业发展落后，经济效益低下

受“一亩地、两头牛，老婆孩子热炕头”的传统小农思想影响，盐池县农民把精力更多放在田地里“刨食”，家庭收入主要靠农业和畜牧业生产维持。大部分家庭缺乏经营思想，没有经营收入，一旦遇到天灾人祸，难以自救。

20 世纪 90 年代以前，挖甘草是盐池群众的主要经济收入来源，
图为 1963 年 4 月盐池县药材站正在收购群众采挖的甘草

20 世纪 70 年代，由于连年干旱，粮食产量低而不稳，多数年份盐池县农民要靠吃国家返销粮玉米、红薯干度日。75% 的农民生活在国定贫困标准线以下，生活极度困难。20 世纪 80 年代初期，部分农民开始小规模开展个体经营，继而规模不断扩大，成为当时红极一时的“万元户”“冒尖户”。政策上也开始鼓励农民积极开展经营性生产。

1987 年的盐池县农贸市场

1982 年盐池县麻黄山公社物资交流大会

1980 年，盐池县工商局专程为县城一位世代经营醪酒的经营者颁发了营业执照，鼓励其开展个体经营，这是新中国成立后盐池县第一家正式获得营业执照的个体工商户。2000 年全县个体工商户网点 934 个，从业人员 1366 人。但从总体上来说，盐池县个体工商从业人员占全县人口的比例不高。

## 四、草原植被不断遭到破坏

宽广的地域环境和丰富的草地资源，使盐池县具备了发展畜牧业的客观条件，盐池县农民群众对农牧业的依赖，也常用“地是聚宝盆，羊是摇钱树”来做比喻。养羊是盐池县的传统产业，也是农民的主要收入来源之一。但是物极必反，过度放牧造成草原植被承载力下降，生产条件受到极大损害。

20 世纪 80 年代，盐池县北部地区土地沙化十分严重

1966 年到 1976 年，农村群众大量开荒种地，致使草原严重沙化、退化，产草量下降，生态结构遭到严重破坏，再加上盲目追求羊畜存栏数和连年干旱，畜牧业生产遭受极大损失。1976 年全县羊只死亡 15.9 万只，死亡率达到 30%，为历史最高。当年羊只存栏数降到 31.9 万多只，比 1952 年减少 8 万只。

1978 年，盐池县被国家畜牧总局列为畜牧业现代化综合试验基点县。1979 年羊只饲养量达 54 万只。此后 20 多年间，盐池县持续推广“三高一快”养羊措施，羊只饲养量逐年增长：1980 年为 55 万只，1985 年为 61.5 万只，1990 年为 66.75 万只，1995 年为 74.9 万只。

盐池县 20 世纪 90 年代风沙非常严重，沙压房屋的情况经常发生

20 世纪 80 年代，盐池县冯记沟乡马儿庄村黎明自然村沙进人退，全村人被沙逼退五千米

20 世纪 80 年代中期，盐池县农村群众秋季打草以备冬天取暖和饲喂羊只及大家畜

然而，养殖方式粗放、载畜量激增导致了草原生态环境极度恶化。每到冬春季节，风起沙流，摧苗打禾，吹蚀地表，农田草原沙化程度不断加重。遇此情况，农民播种数次而不能保苗，常因此一再推迟播种，贻误农时。

从20世纪六七十年代开始，积沙覆盖致使草原退化，沙化面积以每年约18万亩的速度递增。经常出现沙尘暴天气，最小能见度仅为14米。据1983年全县土壤普查，各类不同程度沙化土地已达689.15万亩，占盐池县北部总面积的85.8%，占全县土地总面积的68%。据1983年《盐池县草场资源调查报告》记载显示，盐池县当时草原沙化面积为539万亩，比1961年的282万亩扩大了257万亩，即平均每年扩大11.7万亩。

1949年盐池县的耕地面积为73.6万亩，1999年耕地面积达到143.3万亩。50年新开荒地近70万亩。十年九旱的盐池县，因滥垦和被撂荒的耕地很快退化，变成盐碱滩或明沙川，毁植被500多万亩。

盐池县甘草品质优良，资源颇丰，但过度采挖甘草，会造成草场沙化。1990年前后，受甘草价格因素影响，加之生活极度困难，宁夏同心、海原县的部分农民几乎每年都要到盐池县马儿庄一带采挖甘草，人数最多时达到一两千名。每年因挖甘草造成的土地沙化面积不断扩大。

据1983年农业资源调查结果显示，全县南部黄土丘陵区受到不同程度水蚀的面积达到193.7万亩，占本地区总面积近90%。据水文部门测算，平均每平方千米每年流失土壤达到5000余吨，全县每年流失土壤538万吨。水土流失使土地资源中宝贵的“水”和“肥土”流失，冲毁农田和草原，扩大延长沟壑，对当地农业生产危害极大，同时将大量泥沙注入黄河，给更大范围地区造成了灾害。

1983 年 4 月，城郊公社四墩子大队把沙荒地划分给社员后，
县科委组织技术人员指导群众植树造林近两千亩

从 1983 年开始，盐池县切实加强草场封育，以恢复生态环境

## 五、文化教育、医疗卫生状况落后

陕甘宁边区时期，文化教育事业虽有发展，但当时经济困难，战事未休，发展速度不快，平均200人中仅有一人识字。1950年，盐池县组织对全县人口文化程度进行统计，大专以上文化程度者为零，文盲约占青壮年、成年人的98%。1980年5月至7月，盐池县文教局对全县人口文化程度进行普查，结果显示：全县农村共有文盲27489人，占总人口的25.3%；半文盲12965人，占总人口的11.9%。其中青少年文盲6300人，占文盲总数的22.9%；女青少年文盲4583人，占青少年文盲的72%以上。

20世纪80年代，盐池县青山公社中学，学生们在学习

20世纪70年代，盐池县马儿庄公社平台生产队九姑娘识字班在学习

“小病扛，大病躺，重病等着见阎王”的现象在盐池曾经普遍存在。虽然盐池县政府加大了医疗卫生方面的建设投入力度，但因病致贫仍是农村贫困人口增加的主要因素之一。

1982年年底，盐池县共有全民所有制医疗卫生机构20个，包括县医院两所、公社卫生院15所，以及卫生防疫站、地方病防治所、妇幼保健所，共有病床208张。其时，全县总人口约为12万人，病床占有率仅为1.7‰左右。

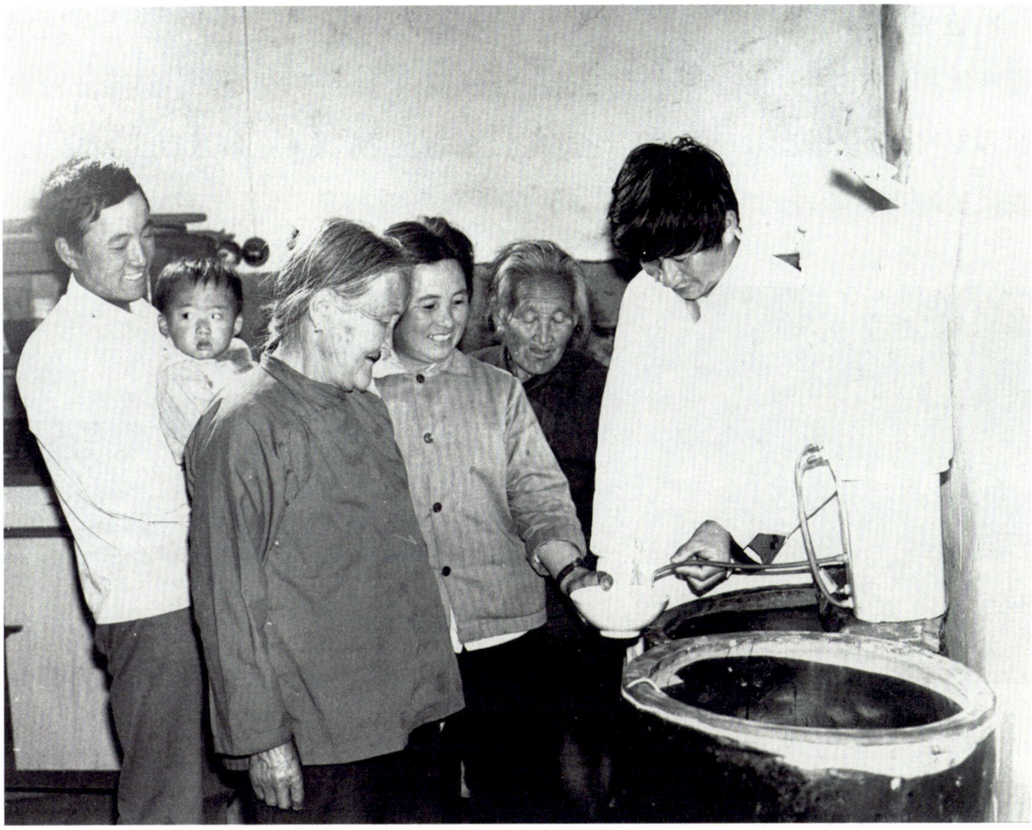

1986 年 6 月，盐池县地方病防治所对氟中毒高的地区开展水质改良工作

## 六、发展资金不足

盐池县是农牧业大县，农牧业收入是农村家庭收入的主要来源。从 1981 年“包产到户”开始，农村劳动力得到极大解放，农牧业产量总体稳中有升。但农牧业收入受降雨、自然灾害等因素影响，收入极不稳定。1981—2000 年，农牧业收入占农民全年总收入的比重仍然居高不下，农民收入渠道单一，尤其是生产经营性收入增长缓慢，严重缺乏发展资金。新中国成立后，盐池县的个体手工业逐步发展壮大，但规模较小。1957 年由国家和集体兴办的中、小企业发展到 15 个，工业总产值 44 万元。1978 年全民和集体厂矿发展到 17 个，职工 1077 名，固定资产 640 多万元，工业总

产值达到528万元，向国家上缴利税64.5万元。1983年全县工业企业固定资产增加到1273万元，职工1295名，总产值增加到946万元，但工业对农业和农村的贡献较小。1985年，盐池县农民全年人均工业收入仅为6.38元，农民人均工业年收入仅为0.21元。发展资金严重不足。

20世纪80年代，盐池县制药厂苦参碱生产车间

1983年，盐池县皮毛厂二毛皮加工车间

20世纪80年代，盐池县毛织厂生产的滩羊毛毯受到消费者好评

20世纪80年代，盐池县柳编厂生产的柳编产品远销国内外

02

Chapter

# 脱贫攻坚是拔掉穷根的必由之路

当年，红军置之死地而后生，冲破“敌军围困万千重”，夺取长征的胜利，创造了人类历史上惊天地、泣鬼神的伟大奇迹。

同贫困鏖斗也是盐池人民的“长征”。摆脱贫困是盐池人民的夙愿，也是历届盐池县委、县政府的核心任务之一。前有堵截，后有追兵，在这片苦瘠之地上拔掉穷根、实现全县脱贫是一场实实在在的“长征”。

盐池县农村专业合作社滩羊舍饲养殖

盐池县麻黄山乡如今绿满山坡

## 第一节 脱贫攻坚历程

从 1983 年中国实施集中开发式扶贫以来，宁夏的扶贫开发工作经历了五个重要阶段：

### 第一个阶段：1983—1993 年，“三西”农业建设阶段

1982 年 12 月，《中央财经领导小组讨论加快甘肃省河西商品粮基地和中部干旱地区农业建设问题的纪要》中，决定成立“三西”（定西、河西、西海固）地区农业建设领导小组，连续 10 年每年拨专项资金 2 亿元，采取以工代赈、吊庄移民等方式，通过开发建设改变贫困地区面貌。其中拨给西海固地区八个县（区）每年 3400 多万元。这一举措开创了我国打破行政区域、连片开发反贫困的先河。

1985 年，国家确定 331 个国家级重点贫困县，盐池县被列入其中。盐池县在“三西”农业建设时期，以“停止破坏”和解决温饱为先期目标，实施了扬黄灌溉工程、吊庄移民、以工代赈、对口支援、科技扶贫、温饱工程

等。农、林、牧多业并举，大力推广农村节能技术，恢复草原生态环境，加快基础设施建设，有效发挥政府、社会帮扶作用。经过建设，盐池县生态建设成果显著，基础设施建设得到改善，农村专业户引领农村经济发展，群众温饱问题得到初步解决，教育、科技扶贫效果初步显现。1990 年 6 月 5 日，盐池县基本解决温饱目标通过自治区农业建设委员会检查验收，全县 21790 个贫困农户中有 20676 户越过温饱线，占总贫困农户的 90% 以上，15 个乡镇中有 13 个达到国家“三西”验收方案规定指标，成为基本解决温饱县。截至 1989 年年底，全县人均纯收入达到 337 元，人均占有粮食 259 千克，分别比 1983 年增长 2.59 倍和 1.2 倍，全县贫困面大幅度缩小，不得温饱的农户由 1983 年的 70% 下降到 1989 年的 5.1%。

1993 年，盐池县通过 10 年“三西”建设，发生了巨大变化，农民基本解决温饱问题，人均纯收入和人均占有粮食均位居宁南山区之首

## 第二个阶段：1994—2000 年，“双百”扶贫攻坚阶段

1994 年，以《国家八七扶贫攻坚计划》为标志，中国扶贫开始进入攻坚阶段，向贫困全面宣战。为了贯彻落实《国家八七扶贫攻坚计划》精神，宁夏制定了《宁夏“双百”扶贫攻坚计划》（1994 年）和《宁夏回族自治区党委、自治区政府关于尽快解决南部山区农村贫困人口温饱问题的决定》（1997 年），决定在南部山区近 100 个贫困乡镇实施扶贫攻坚，力争基本解决 100 多万名农村贫困人口的温饱问题。将稳定地解决大多数农户的温饱、稳定地解决群众收入来源作为扶贫开发的中心工作，把扶贫开发工作置于整个山区经济的中心环节来考虑，把山区经济置于全区经济中来考虑。

1993 年 5 月 5 日下午 2 时 5 分，扬黄工程正式通水，黄河水缓缓流入盐池县李家坝灌区

“双百”扶贫阶段，盐池县认真贯彻落实《国家八七扶贫攻坚计划》和《宁夏“双百”扶贫攻坚计划》，扶贫方式和制度措施初步形成。1994 年，

1996 年 7 月，盐池县扬黄灌区种植的麦套玉米

盐池县制定了《盐池县扶贫计划》，确定了经济发展思路，加快脱贫步伐。定点帮扶，攻坚克难。持续加快林草建设，改善生态生存环境，扶贫开发与计划生育工作紧密结合。盐池以扶贫攻坚总揽全局，结合本县实际，确定“吃饭必抓水，花钱靠养殖，生存要治沙，建设抓项目，发展靠科技”的工作思路，紧紧围绕农业增产、农民增收、稳定解决温饱这个中心，以扶贫到户到村为重点，努力改善农业生产条件，加强基础设施建设，发展区域经济，扶贫开发步伐明显加快，全县农村面貌发生了较大变化。农业和农村经济持续发展，基础设施建设进一步得到改善，农业和农村经济稳定发展，率先实现基本解决温饱目标，科技扶贫效果逐步显现。2000 年，盐池县人均国民生产总值等八项经济指标创历史最高纪录，名列宁夏南部山区八县之首；农民生活消费总支出为 1202 元，其中食品消费为 710 元，恩格尔系数为 59%，下降了 10 多个百分点。

1995 年，盐池县成立了 15 个工作队 98 个工作组赴各乡镇开展帮扶工作

1990 年，盐池县人民沿古长城遗址营造的防风固沙柠条林带

## 第三个阶段：2001—2010 年，千村扶贫开发阶段

宁夏在 2001 年制定了《宁夏农村扶贫开发规划》和《千村扶贫开发工程实施意见》。对主要分布于干旱、半干旱和半阴湿土石山区等生存条件比较差的 1026 个行政村，集中人力、物力和财力实施脱贫攻坚。宁夏率先在全国编制完成了八个扶贫工作重点县（区）的县级规划和 411 个贫困重点村的村级规划，明确提出扶贫近期计划和远期目标。1982—2005 年，宁南山区农村绝对贫困发生率从 74.8% 降低到 3.60%，绝对贫困人口从 119.3 万人减少到 7.5 万人。

1996 年 5 月，盐池县实施温饱工程项目在萌城乡旱地推广种植地膜玉米

这一时期，盐池县按照自治区《千村扶贫开发工程实施意见》要求，稳步推进小康社会建设，坚持“生态绿县”战略不动摇，加强农田水利基础设施建设、居民群众最低生活保障、贫困人口健康保障和医疗救助，分期分批

整村推进，加强农村协会组织建设，大力培养农民经纪人队伍，创新实践盐池县村级互助资金“金融扶贫”模式。这一时期，盐池县审时度势，抢抓机遇，大胆实践，勇于创新，努力促进和谐盐池建设，使全县人民生产生活水平不断得到提高和改善，农村基础设施建设、产业开发、教育和文化卫生等社会事业空前发展，扶贫工作成效显著，贫困面下降到 30%。人民群众生活水平不断提高，基础设施建设力度进一步加大，为农民摆脱贫困提供强有力的支持。生态建设步伐加快，区域环境得到明显改善，扶贫开发成效明显，社会各项事业全面发展。

2007 年 10 月，盐池县麻黄山乡大力发展梯田建设

盐池县大力发展防风固沙草灌木沙打旺、柠条

## 第四个阶段：2011—2013 年，百万贫困人口扶贫阶段

2011 年 12 月，中共中央、国务院印发了《中国农村扶贫开发纲要（2011—2020 年）》，提出到 2020 年，稳定实现扶贫对象不愁吃、不愁穿，保障其义务教育、基本医疗和住房。贫困地区农民人均纯收入增长幅度高于全国平均水平，基本公共服务主要领域指标接近全国平均水平，扭转发展差距扩大趋势。2012 年，自治区党委、政府印发了《关于实施百万贫困人口扶贫攻坚战略实施意见》，开展了大规模的扶贫攻坚工作。

高高耸立的是盐池县扬黄灌区的渡槽，其下是成群的滩羊

这一阶段，盐池县着力加快发展步伐，奋力推进“整村推进”扶贫和“双到”扶贫开发，认真实施“整村推进”各项试点工作，全面拓展“金融扶贫”（互助资金、千村信贷、小额信贷）盐池模式，不断完善农村社会保障机制，农村群众健康需求得到进一步保障。盐池县地区生产总值、规模以上工业、财政收入、农村居民可支配收入四项指标翻了一番多。农民人均可支配收入总量是2010年的2.1倍，五年翻了一番多，年均增长13.1%。每年将公共财政支出的80%以上都用于民生事业，全面小康实现程度达到82.6%，位居宁南山区首位。

2008 年 11 月，盐池县麻黄山乡覆膜种植示范区

## 第五个阶段：2014—2020 年，精准扶贫、精准脱贫阶段

2013 年，习近平总书记在湖南湘西十八洞村调研时，首次提出精准扶贫。后来到陕西、贵州调研考察扶贫工作时，又提出了“六个精准”。在中央扶贫开发工作会议上，习近平总书记系统阐述了“五个一批”的精准扶贫、精准脱贫的基本方略。

2013 年 12 月，中共中央办公厅、国务院办公厅印发《关于创新机制扎实推进农村扶贫开发工作的意见》（中办发〔2013〕25 号），明确提出建立精准扶贫工作机制和健全干部驻村帮扶机制的工作要求。“精准扶贫”概念的提出和施行契合时代发展的需要，充分彰显了党中央和国务院对扶贫工作的高度重视。

中国共产党第十九次全国代表大会指出，坚决打赢脱贫攻坚战，让贫困人口和贫困地区同全国一道进入全面小康社会是中国共产党的庄严承诺。大会提出，要动员全党全国全社会力量，坚持精准扶贫、精准脱贫，确保到

2020年我国现行标准下农村贫困人口实现脱贫，贫困县全部摘帽，解决区域性整体贫困，做到脱真贫、真脱贫。

宁夏回族自治区第十二次党代会指出，大力实施脱贫富民战略，增强人民群众的获得感和幸福感。必须把脱贫富民作为今后五年发展的价值取向和工作导向，全力打赢脱贫攻坚战，大力实施富民工程，下大力气解决社会事业发展滞后、居民收入偏低等事关群众切身利益的问题，在提高经济发展水平的同时，实实在在提高人民群众的富裕程度和生活质量，让经济发展的成果更多转化为富民成果，让广大老百姓得到更多实惠。

盐池县农村种植的经济作物——油葵

按照中央关于打赢脱贫攻坚战的总体要求，坚持精准扶贫、精准脱贫基本方略，认真落实自治区、吴忠市关于打赢脱贫攻坚的部署要求，盐池县依托金融创新推动产业发展、依靠产业发展带动贫困群众增收的发展思路，全面组织实施了基础改善、产业培育、金融扶贫、兜底保障等“七项工程”，同步推进全县 74 个贫困村 32998 名贫困人口脱贫攻坚工作。盐池县认真落实中央和区、市扶贫攻坚政策措施，不断自我加压，先后探索创新了金融扶贫、保险扶贫、产业扶贫、光伏扶贫、健康扶贫等扶贫模式，创新了“六个精准扶贫”工作机制。依托资源禀赋，充分发挥品牌优势，将财政扶贫资金与金融产品和富民主导产业有效链接，走出了一条“依托金融创新推动产业发展、依靠产业发展带动贫困群众增收”的特色富民之路。2017 年，盐池县围绕“六个精准”“五个一批”脱贫攻坚基本要求和主要途径，精心筹划、精准施策，推进扶贫开发由“输血式”向“造血式”转变。当年整合各类资金 34.6 亿元，制定了 2017 年脱贫摘帽总体方案和 17 个子方案，出台了盐池县 2017 年扶贫惠农政策 40 条，大力实施基础提升、产业扶贫、金融扶贫等“十项工程”，贫困群众生产生活条件得到了明显改善，脱贫摘帽各项工作实现了预期目标。

2018 年，盐池县在自治区贫困县中率先实现脱贫摘帽。

盐池县 2017 年国家贫困县退出专项评估检查会场

# 第二节　脱贫攻坚概况

## 一、基本情况

盐池县位于宁夏中部干旱带，属于国家扶贫开发重点县。全县8个乡镇102个行政村共有建档立卡贫困人口11203户32998人，其中贫困村74个（贫困人口9131户26827人），非贫困村28个（贫困人口2072户6171人）。全县2014年脱贫销号5个贫困村，脱贫人口1549户5333人；2015年脱贫销号10个贫困村，脱贫人口1250户4258人；2016年脱贫销号30个贫困村，脱贫人口4263户12733人；2017年脱贫出列29个贫困村，脱贫人口4127户11453人。

## 二、主要措施

按照“六个精准”“五个一批”的要求，以实施整村推进“四到县”为抓手，突出重点，发挥优势，全力实施基础改善、产业扶贫、金融扶贫、健康扶贫、社会帮扶、新兴产业、兜底保障、精神扶贫、生态建设、易地搬迁“十项”脱贫攻坚工程。实现“十个全覆盖”即采取“十个一批”措施，提高政府补贴，实现所有农户安全住房全覆盖；2017年整合财政资金6000万元，对全县656个村庄环境进行整治，实现了农村环境整治全覆盖；实施人饮安全工程提升项目，偏远村庄增设供水点，实现所有农户安全饮水全覆盖；新建102个村级文化服务中心，配套建设文化广场、安装健身器材，实现村级综合文化服务中心全覆盖；对所有农户实施“1+4”主导特色产业扶持政策，实现所有农户产业扶持普惠政策全覆盖；对所有建档立卡贫困户实施乡镇多种经营扶持政策，实现建档立卡贫困户多种经营特惠政策全覆盖；采取扶贫小额信贷、融资担保、风险补偿相结合的方式，实现所有农户金融扶贫政策全覆盖；推行“2+X”扶贫保险模式，实现所有农户扶贫保险政策全覆盖；实施签约服务“三医”联动、大病报销、救助兜底政策，实现所有农户健康扶贫政策全覆盖；通过建立民风教育示范点、示范村，开展“三先开路”教育活动，实现全县民风教育全覆盖，扎实打好精准扶贫、精准脱贫的攻坚战。

## 三、资金投入

2017 年，积极整合各类扶贫资金 34.57 亿元。一是大力实施基础设施巩固提升工程，确保实现村组道路建设、安全住房保障、环境卫生改善、安全饮水入户、村组动力电提升、公共服务建设“六个全覆盖”，计划投入资金 8.38 亿元；二是做大做强以滩羊为主的“1+4”特色优势产业，同时鼓励群众因地制宜多种经营，计划投入资金 1.61 亿元，其中建档立卡贫困户扶持项目投入 5343.4 万元，县级主导产业项目投入 4220.6 万元，乡镇支持、多种经营投入 1122.8 万元，一般户产业扶持投入 10780 万元，农业特色产业投入 10300 万元，中药材产业投入 480 万元；三是产业助贷金、风险补偿金、贷款贴息投入 9000 万元，互助资金投入 6000 万元，“双到”扶贫攻坚投入 350 万元，“扶贫保”项目计划投入资金 4470.6 万元；四是健康扶贫工程投入 1366.8 万元，阳光助残小康计划投入 92 万元，“少生快富”项目投入 62.4 万元；五是闽宁协作帮扶项目投入 1500 万元，中航油帮扶项目投入 850 万元，龙头企业引领投入 16 亿元，资产收益扶贫投入 1000 万元，社会定点帮扶（区、市、县）投入 1500 万元；六是旅游产业扶贫投入 2600 万元，光伏扶贫工程投入 3.15 亿元，电商扶贫投入 500 万元；七是实行“两线合一”政策兜底，对建档立卡贫困户中需政府兜底的 6271 人给予每年 3150 元低保补贴，对全县 17643 名农村困难群众城乡居民基本医疗保险予以补贴，实施大病救助 5000 人次，计划投入资金 0.63 亿元；八是深入推进社会主义核心价值观培育，扶贫先扶志、治穷先治愚、脱贫先脱旧，解心结、树观念、开思路、增信心，激发贫困群众的内生动力，提升脱贫致富的能力，计划投入资金 0.49 亿元，其中能力提升投入 1906.8 万元，脱贫奖励投入 3000 万元；九是大力实施精准造林，发展林业产业，重点做好生态建设、清洁能源利用、农村环境保洁等方面工作，不断巩固生态建设成果，推动绿色发展，为群众生产生活创造优美的环境，投入资金 1.04 亿元，其中生态环境建设项目投入 8440 万元，清洁能源利用项目投入 1600 万元，农村卫生保洁项目投入 312 万元；十是实施易地搬迁工程，对哈巴湖生态保护区核心区 137 户农户实施生态移民，计划投入 2740 万元；十一是智慧扶贫管理平台二期建设、村务公开查询机、抽样调查经费、扶贫工作总结提升及档案资料整理、项目管理费等共计 600 万元。

## 四、脱贫目标

通过产业培育脱贫 1.65 万人，易地搬迁脱贫 0.16 万人，生态补偿脱贫 0.18 万人，教育、培训就业脱贫 0.8 万人，政策兜底脱贫 0.51 万人；全县贫困村贫困人口贫困发生率控制在 3% 以内，贫困村实现公共服务建设接近全国平均水平；贫困户实现“两不愁三保障”目标，贫困人口贫困发生率控制在 3% 以内；群众认可度达到 90% 以上。

## 盐池县贫困村基本情况、责任帮扶一览表

| 乡镇 | 包乡镇领导 | 贫困村 | 包村领导 | 第一书记 | 销号时间 | 农户数 | | 贫困人口脱贫情况 | | | | | | | | | | | | 2017 年底 |
|---|---|---|---|---|---|---|---|---|---|---|---|---|---|---|---|---|---|---|---|---|
| | | | | | | | | 总计 | | 2014 年脱贫 | | 2015 年脱贫 | | 2016 年脱贫 | | 2017 年脱贫 | | 2017 年底未脱贫 | | 贫困发生率 |
| | | | | | | 户数 | 人数 | 户数 | 人数 | 户数 | 人数 | 户数 | 人数 | 户数 | 人数 | 户数 | 人数 | 户数 | 人数 | |
| 王乐井（13 个贫困村） | 包乡领导：滑志敏<br>组长：张学良<br>成员：徐情根 官秀敏 | 狼洞沟 | 张学良 | 张晓东 | 2016 | 537 | 1551 | 176 | 477 | 22 | 77 | 26 | 88 | 105 | 271 | 17 | 28 | 6 | 13 | 0.84 |
| | | 牛记圈 | 马国锋 官秀敏 | 马学海 | 2016 | 854 | 2530 | 269 | 775 | 8 | 29 | 14 | 51 | 219 | 626 | 25 | 56 | 3 | 13 | 0.51 |
| | | 双圪垯 | 张学良 | 姚　磊 | 2016 | 449 | 1286 | 122 | 340 | 8 | 27 | 8 | 21 | 99 | 279 | 5 | 9 | 2 | 4 | 0.31 |
| | | 王乐井 | 徐情根 | 朱晓兵 | 2016 | 569 | 1540 | 145 | 414 | 9 | 33 | 23 | 78 | 100 | 276 | 10 | 19 | 3 | 8 | 0.52 |
| | | 鸦儿沟 | 官秀敏 | 王新德 | 2016 | 448 | 1206 | 155 | 446 | 26 | 86 | 54 | 175 | 64 | 160 | 7 | 16 | 4 | 9 | 0.75 |
| | | 曾记畔 | 徐情根 | 禹洪亮 | 2016 | 741 | 2087 | 196 | 576 | 10 | 30 | 12 | 38 | 150 | 447 | 14 | 40 | 10 | 21 | 1.01 |
| | | 边记洼 | 刘衍海 官秀敏 | 刘存正 | 2017 | 470 | 1353 | 138 | 371 | 13 | 40 | 12 | 29 | 23 | 74 | 86 | 220 | 4 | 8 | 0.59 |
| | | 官　滩 | 卢占周 张学良 | 马松勇 | 2017 | 302 | 867 | 117 | 328 | 4 | 14 | 12 | 38 | 30 | 88 | 69 | 182 | 2 | 6 | 0.69 |
| | | 刘四渠 | 徐情根 | 潘琦印 | 2017 | 566 | 1590 | 120 | 337 | 8 | 27 | 6 | 23 | 51 | 153 | 50 | 122 | 5 | 12 | 0.75 |
| | | 石山子 | 徐情根 | 李树飞 | 2017 | 552 | 1531 | 129 | 359 | 14 | 49 | 12 | 41 | 36 | 95 | 65 | 169 | 2 | 5 | 0.33 |
| | | 孙家楼 | 官秀敏 | 冯杰伟 | 2017 | 710 | 2077 | 176 | 497 | 9 | 24 | 36 | 108 | 35 | 105 | 90 | 246 | 6 | 14 | 0.67 |
| | | 王吾岔 | 张学良 | 白静静 | 2017 | 466 | 1326 | 120 | 348 | 9 | 34 | 14 | 43 | 10 | 34 | 83 | 229 | 4 | 8 | 0.60 |
| | | 郑家堡 | 张学良 | 韩海乾 | 2017 | 824 | 2343 | 221 | 599 | 6 | 26 | 13 | 42 | 78 | 231 | 116 | 280 | 8 | 20 | 0.85 |
| 冯记沟（6 个贫困村） | 组长：陈　旭<br>成员：杨学军 强永海 | 暴记春 | 杨学军 | 呼延保卫 | 2016 | 564 | 1566 | 108 | 314 | 31 | 84 | 10 | 35 | 31 | 110 | 26 | 61 | 10 | 24 | 1.53 |
| | | 丁记掌 | 贺　兵 陈　旭 | 丁国庆 | 2016 | 419 | 1124 | 117 | 302 | 9 | 27 | 7 | 28 | 85 | 214 | 12 | 25 | 4 | 8 | 0.71 |
| | | 马儿庄 | 强永海 | 闵清江 | 2016 | 377 | 1073 | 64 | 166 | 7 | 26 | 6 | 17 | 38 | 93 | 11 | 26 | 2 | 4 | 0.37 |
| | | 平　台 | 陈　旭 | 呼延钦 | 2016 | 335 | 975 | 64 | 175 | 13 | 49 | 7 | 23 | 24 | 67 | 17 | 31 | 3 | 5 | 0.51 |
| | | 冯记沟 | 龚东战 杨学军 | 张建军 | 2017 | 638 | 1673 | 80 | 205 | 14 | 41 | 2 | 6 | 5 | 16 | 54 | 130 | 5 | 12 | 0.72 |
| | | 回六庄 | 马　飞 强永海 | 丁国庆 | 2017 | 606 | 1825 | 109 | 294 | 10 | 36 | 9 | 25 | 5 | 14 | 83 | 213 | 2 | 6 | 0.33 |

续表

| 乡镇 | 包乡镇领导 | 贫困村 | 包村领导 | 第一书记 | 销号时间 | 农户数 | | 贫困人口脱贫情况 | | | | | | | | | | | | 2017 年底 |
|---|---|---|---|---|---|---|---|---|---|---|---|---|---|---|---|---|---|---|---|---|
| | | | | | | | | 总计 | | 2014 年脱贫 | | 2015 年脱贫 | | 2016 年脱贫 | | 2017 年脱贫 | | 2017 年底未脱贫 | | 贫困发生率 |
| | | | | | | 户数 | 人数 | 户数 | 人数 | 户数 | 人数 | 户数 | 人数 | 户数 | 人数 | 户数 | 人数 | 户数 | 人数 | |
| 青山（8 个贫困村） | 包乡领导：戴培吉<br>组长：孙佰柱 宋学让 代占山 | 营盘台 | 代占山 | 兰　仁 | 2014 | 386 | 1212 | 129 | 448 | 20 | 62 | 16 | 46 | 27 | 92 | 63 | 241 | 3 | 7 | 0.58 |
| | | 方　山 | 张吉贺<br>代占山 | 周治国 | 2016 | 522 | 1447 | 154 | 481 | 12 | 44 | 9 | 21 | 124 | 394 | 5 | 15 | 4 | 7 | 0.48 |
| | | 古峰庄 | 孙佰柱 | 罗　文 | 2016 | 542 | 1729 | 152 | 508 | 13 | 49 | 6 | 26 | 123 | 408 | 6 | 15 | 4 | 10 | 0.58 |
| | | 郝记台 | 宋学让 | 高海滨 | 2016 | 419 | 1272 | 129 | 423 | 15 | 51 | 9 | 28 | 99 | 327 | 3 | 9 | 3 | 8 | 0.63 |
| | | 青　山 | 代占山 | 赵文军 | 2016 | 644 | 1885 | 183 | 600 | 12 | 47 | 17 | 57 | 133 | 436 | 17 | 48 | 4 | 12 | 0.64 |
| | | 猫头梁 | 宋学让 | 杨润华 | 2017 | 425 | 1137 | 80 | 242 | 14 | 55 | 2 | 6 | 3 | 11 | 58 | 163 | 3 | 7 | 0.62 |
| | | 旺四滩 | 孙佰柱 | 常　亮 | 2017 | 537 | 1522 | 115 | 383 | 15 | 52 | 5 | 18 | 10 | 30 | 79 | 269 | 6 | 14 | 0.92 |
| | | 月儿泉 | 杨岩刚<br>宋学让 | 单盼龙 | 2017 | 632 | 2054 | 211 | 619 | 17 | 55 | 19 | 74 | 34 | 101 | 136 | 376 | 5 | 13 | 0.63 |
| 麻黄山（8 个贫困村） | 组长：施铉峰<br>成员：边　卡 叶建平 | 何新庄 | 边　卡 | 吴海洋 | 2016 | 268 | 963 | 90 | 252 | 3 | 9 | 4 | 13 | 80 | 224 | 2 | 5 | 1 | 1 | 0.10 |
| | | 黄羊岭 | 吴斌辛 | 李景文 | 2016 | 287 | 914 | 109 | 365 | 3 | 10 | 4 | 16 | 93 | 325 | 4 | 4 | 5 | 10 | 1.09 |
| | | 井滩子 | 施铉峰 | 王学信 | 2016 | 320 | 908 | 107 | 338 | 4 | 16 | 4 | 12 | 86 | 279 | 9 | 23 | 4 | 8 | 0.88 |
| | | 麻黄山 | 施铉峰 | 路修堂 | 2016 | 398 | 1152 | 99 | 300 | 12 | 39 | 5 | 16 | 63 | 195 | 16 | 43 | 3 | 7 | 0.61 |
| | | 管记掌 | 施铉峰 | 刘鹏程 | 2017 | 222 | 621 | 100 | 269 | 11 | 35 | 8 | 27 | 13 | 42 | 66 | 160 | 2 | 5 | 0.81 |
| | | 平庄村 | 叶建平 | 陈　帜 | 2017 | 234 | 607 | 62 | 192 | 4 | 12 | 9 | 30 | 5 | 19 | 42 | 127 | 2 | 4 | 0.66 |
| | | 松记水 | 杨文锋<br>边　卡 | 勇忠华 | 2017 | 507 | 1548 | 226 | 631 | 4 | 14 | 9 | 28 | 20 | 74 | 188 | 504 | 5 | 11 | 0.71 |
| | | 下高窑 | 叶建平 | 汪志奋 | 2017 | 261 | 701 | 87 | 248 | 6 | 20 | 5 | 13 | 5 | 13 | 69 | 193 | 2 | 9 | 1.28 |

续表

| 乡镇 | 包乡镇领导 | 贫困村 | 包村领导 | 第一书记 | 销号时间 | 农户数 | | 贫困人口脱贫情况 | | | | | | | | | | | | 2017年底 |
|---|---|---|---|---|---|---|---|---|---|---|---|---|---|---|---|---|---|---|---|---|
| | | | | | | | | 总计 | | 2014年脱贫 | | 2015年脱贫 | | 2016年脱贫 | | 2017年脱贫 | | 2017年底未脱贫 | | 贫困发生率 |
| | | | | | | 户数 | 人数 | 户数 | 人数 | 户数 | 人数 | 户数 | 人数 | 户数 | 人数 | 户数 | 人数 | 户数 | 人数 | |
| 花马池镇（17个贫困村） | 包镇领导：韩向春<br>组长：尹益龙<br>成员：郭　飞　吕培基 | 李记沟 | 吕培基 | 景学峰 | 2014 | 598 | 1612 | 118 | 369 | 22 | 71 | 17 | 54 | 60 | 200 | 13 | 34 | 6 | 10 | 0.62 |
| | | 盈德村 | 尹益龙 | 任建东 | 2014 | 476 | 1300 | 132 | 383 | 17 | 64 | 9 | 32 | 86 | 234 | 17 | 46 | 3 | 7 | 0.54 |
| | | 惠泽村 | 尹益龙 | 雍泽红 | 2015 | 680 | 1750 | 106 | 318 | 61 | 202 | 23 | 69 | 15 | 34 | 5 | 9 | 2 | 4 | 0.23 |
| | | 柳杨堡 | 郭　飞 | 张玉强 | 2016 | 735 | 2395 | 115 | 300 | 14 | 42 | 11 | 39 | 82 | 195 | 4 | 7 | 4 | 17 | 0.71 |
| | | 南　苑 | 尹益龙 | 罗忠龙 | 2016 | 305 | 729 | 97 | 236 | 14 | 33 | 13 | 39 | 60 | 140 | 6 | 13 | 4 | 11 | 1.51 |
| | | 沙边子 | 郭　飞 | 武继宁 | 2016 | 198 | 499 | 50 | 132 | 6 | 18 | 5 | 18 | 27 | 75 | 10 | 18 | 2 | 3 | 0.6 |
| | | 四墩子 | 吕培基 | 刘灿平 | 2016 | 851 | 2398 | 76 | 217 | 18 | 71 | 10 | 28 | 34 | 91 | 6 | 16 | 8 | 11 | 0.46 |
| | | 佟记圈 | 杨学军 | 董卫兵 | 2016 | 482 | 1309 | 75 | 217 | 47 | 146 | 2 | 4 | 17 | 44 | 4 | 11 | 5 | 12 | 0.92 |
| | | 皖记沟 | 郭　飞 | 陈建军 | 2016 | 470 | 1285 | 75 | 219 | 26 | 79 | 26 | 85 | 16 | 43 | 4 | 7 | 3 | 5 | 0.39 |
| | | 八岔梁 | 任　才<br>武耀兵 | 李　波 | 2017 | 465 | 1157 | 93 | 254 | 10 | 39 | 11 | 35 | 39 | 114 | 28 | 59 | 5 | 7 | 0.61 |
| | | 北　塘 | 吕培基 | 孙淑仙 | 2017 | 550 | 1397 | 149 | 389 | 18 | 63 | 17 | 58 | 45 | 115 | 65 | 146 | 4 | 7 | 0.5 |
| | | 东　塘 | 许学兵<br>杨学军 | 李　军 | 2017 | 664 | 1769 | 164 | 454 | 20 | 69 | 17 | 61 | 71 | 188 | 50 | 123 | 6 | 13 | 0.73 |
| | | 郭记沟 | 郭　飞 | 左宝华 | 2017 | 552 | 1463 | 81 | 208 | 22 | 69 | 12 | 41 | 0 | 0 | 35 | 74 | 12 | 24 | 1.64 |
| | | 红沟梁 | 吕培基 | 张　斌 | 2017 | 534 | 1582 | 172 | 469 | 29 | 86 | 24 | 74 | 67 | 181 | 46 | 121 | 6 | 7 | 0.44 |
| | | 冒寨子 | 杨学军 | 吴海峰 | 2017 | 650 | 1788 | 77 | 197 | 10 | 29 | 8 | 26 | 19 | 52 | 26 | 68 | 14 | 22 | 1.23 |
| | | 田记掌 | 吕培基 | 刘向东 | 2017 | 939 | 2664 | 209 | 630 | 42 | 126 | 7 | 21 | 88 | 266 | 68 | 206 | 4 | 11 | 0.41 |
| | | 裕兴村 | 尹益龙 | 饶文峰 | 2017 | 498 | 1309 | 93 | 285 | | | 14 | 50 | 52 | 161 | 22 | 60 | 5 | 14 | 1.07 |
| 大水坑镇（6个贫困村） | 包镇领导：马丽红<br>组长：马丽红<br>成员：马瑞英　陈国鸿 | 二道沟 | 马瑞英 | 李耀智 | 2015 | 547 | 1666 | 57 | 199 | 12 | 40 | 9 | 38 | 5 | 16 | 30 | 103 | 1 | 2 | 0.11 |
| | | 柳条井 | 王立新<br>陈国鸿 | 马奔啸 | 2015 | 565 | 1603 | 93 | 293 | 11 | 41 | 10 | 37 | 34 | 100 | 34 | 102 | 4 | 13 | 0.99 |
| | | 宋堡子 | 马丽红 | 汪富元 | 2015 | 477 | 1357 | 73 | 222 | 14 | 51 | 6 | 21 | 41 | 124 | 8 | 20 | 4 | 6 | 0.44 |
| | | 新　建 | 马瑞英 | 柳耀荣 | 2015 | 538 | 1523 | 111 | 359 | 17 | 62 | 5 | 19 | 53 | 168 | 34 | 106 | 2 | 4 | 0.26 |
| | | 向　阳 | 马丽红 | 李　勇 | 2016 | 595 | 1699 | 66 | 220 | 25 | 92 | 11 | 35 | 23 | 70 | 5 | 17 | 2 | 6 | 0.35 |
| | | 新泉井 | 陈国鸿 | 李春柱 | 2017 | 742 | 2103 | 130 | 427 | 31 | 84 | 9 | 32 | 7 | 29 | 80 | 271 | 3 | 11 | 0.52 |

续表

| 乡镇 | 包乡镇领导 | 贫困村 | 包村领导 | 第一书记 | 销号时间 | 农户数 | | 贫困人口脱贫情况 | | | | | | | | | | | | 2017 年底 |
|---|---|---|---|---|---|---|---|---|---|---|---|---|---|---|---|---|---|---|---|---|
| | | | | | | | | 总计 | | 2014 年脱贫 | | 2015 年脱贫 | | 2016 年脱贫 | | 2017 年脱贫 | | 2017 年底未脱贫 | | 贫困发生率 |
| | | | | | | 户数 | 人数 | 户数 | 人数 | 户数 | 人数 | 户数 | 人数 | 户数 | 人数 | 户数 | 人数 | 户数 | 人数 | |
| 惠安堡镇（8 个贫困村） | 包镇领导：吴　科<br>组长：吴　科<br>成员：牛　犇　袁书义　叶黎明 | 大　坝 | 叶黎明 | 黄固宁 | 2014 | 355 | 949 | 84 | 239 | 9 | 29 | 19 | 63 | 6 | 10 | 47 | 131 | 3 | 6 | 0.63 |
| | | 狼布掌 | 杨存葆<br>叶黎明 | 张雨辉 | 2014 | 565 | 1778 | 94 | 328 | 16 | 62 | 18 | 77 | 16 | 54 | 41 | 128 | 3 | 7 | 0.39 |
| | | 杜记沟 | 吴　科 | 武永春 | 2016 | 603 | 2049 | 98 | 358 | 23 | 93 | 29 | 122 | 32 | 107 | 10 | 21 | 4 | 15 | 0.73 |
| | | 隰宁堡 | 叶黎明 | 靳光学 | 2016 | 385 | 1437 | 67 | 214 | 10 | 37 | 14 | 48 | 29 | 93 | 11 | 28 | 3 | 8 | 0.56 |
| | | 杨儿庄 | 高　山<br>牛　犇 | 张树宏 | 2016 | 405 | 1461 | 65 | 217 | 11 | 37 | 17 | 66 | 23 | 82 | 7 | 20 | 7 | 12 | 0.82 |
| | | 惠安堡 | 杨有志<br>牛　犇 | 李　岩 | 2017 | 289 | 872 | 41 | 145 | 10 | 41 | 13 | 47 | 0 | 0 | 16 | 53 | 2 | 4 | 0.46 |
| | | 惠苑村 | 周　涛<br>袁书义 | 王　毅 | 2017 | 1620 | 5430 | 596 | 2062 | 74 | 278 | 100 | 388 | 88 | 316 | 319 | 1045 | 15 | 35 | 0.64 |
| | | 老盐池 | 牛　犇 | 李海军 | 2017 | 363 | 1202 | 41 | 109 | | | 1 | 3 | 0 | 0 | 37 | 101 | 3 | 5 | 0.42 |
| 高沙窝镇（8 个贫困村） | 包镇领导：贺满文<br>组长：张　晨<br>成员：范海荣　刘宝清 | 大疙瘩 | 张　晨 | 张　青 | 2015 | 461 | 1224 | 164 | 385 | 26 | 71 | 14 | 31 | 106 | 236 | 14 | 35 | 4 | 12 | 0.98 |
| | | 二步坑 | 丁文华<br>刘宝清 | 吴凤彪 | 2015 | 480 | 1380 | 128 | 336 | 23 | 76 | 8 | 27 | 80 | 199 | 15 | 30 | 2 | 4 | 0.29 |
| | | 李庄子 | 杨晓军<br>范海荣 | 焦岩铮 | 2015 | 504 | 1534 | 172 | 446 | 24 | 74 | 10 | 27 | 111 | 275 | 20 | 55 | 7 | 15 | 0.98 |
| | | 南　梁 | 周少云<br>张　晨 | 李　斌 | 2015 | 523 | 1514 | 148 | 392 | 30 | 93 | 8 | 26 | 96 | 236 | 11 | 28 | 3 | 9 | 0.59 |
| | | 营　西 | 雍学华<br>刘宝清 | 张　铮 | 2015 | 417 | 1284 | 121 | 360 | 9 | 34 | 10 | 33 | 92 | 267 | 8 | 20 | 2 | 6 | 0.47 |
| | | 长流墩 | 范海荣 | 买廷臻 | 2016 | 256 | 777 | 61 | 152 | 9 | 33 | 2 | 6 | 43 | 101 | 7 | 12 | | | 0 |
| | | 施记圈 | 范海荣 | 张　诉 | 2016 | 310 | 858 | 75 | 188 | 11 | 36 | 2 | 8 | 50 | 120 | 9 | 15 | 3 | 9 | 1.05 |
| | | 高沙窝 | 白少麟<br>张　晨 | 栗振国 | 2017 | 523 | 1636 | 105 | 277 | 11 | 36 | 2 | 6 | 15 | 48 | 72 | 176 | 5 | 11 | 0.67 |

# 第三节 脱贫攻坚的显著成效

## 一、农村基础条件得到根本改善

“我们祖祖辈辈生活在这里，喝的是雨水、住的是土坯房、走的是泥巴路，做梦也不敢想，如今能喝上自来水、住上安居房、走上水泥路，上学看病再也不犯难了……”麻黄山乡包源村村民穆汉富的一席话道出了盐池县农民群众的心声。

改革开放后，盐池县紧紧抓住中央实施“以工代赈”“东西部合作”工程和西部大开发的历史机遇，积极争取国家项目投资，加快基础设施建设步伐，逐步实现了农村水、电、路、广播电视“四通”目标。

精准扶贫让盐池县农民喝上放心水，实现自来水户户通

近年来，针对农村基础设施“欠账”多的问题，盐池县完善基础设施，夯实脱贫致富的根基，逐步改善贫困地区发展条件。全力推动农村水、电、路、房等基础设施建设，在农村基础设施建设上持续发力，助推全县脱贫攻坚工作有效开展。

2016年以来，盐池县整合涉农扶贫资金，加大基础设施和公共服务建设投入，重点解决了74个贫困村的基础设施改善，2017—2018年对贫困村基础设施进行巩固提升，重点解决了非贫困村的基础设施改善。

全县总计建成村组道路3345千米，改造村庄巷道1768千米，实现了村

盐池县智慧水务平台：投资扩建县级水质化验检测中心，配套16台先进化验设备，设置18处水质在线监测点，并安装自动化控制设备，在全县各输水主管处增设采样点48处，成为全区唯一具有水质化验检测专业资质的县级单位

组路网硬化全覆盖，其中，常住户50户以上的村庄通了水泥路或柏油路，20户以上的村庄巷道通了水泥路，常住户低于20户的村庄通了砾石路。同时，紧盯边远山村、边界村群众吃水难问题，实施了南部山区人饮管线改造提升工程，新增自来水入户8782户，自来水入户率达99.7%，农村常住户全部喝上了放心水，从根本上温暖了群众的心。

2018年，盐池县八个乡镇有2100个农户享受到了“厕所革命”带来的成果。“自从我们家改厕之后，现在室内就有卫生间，干净又方便，如今的农村生活，不比城里的差。”王乐井乡三道进自然村王光林说。

盐池县王乐井乡农民张德家改造前的旧房外观

盐池县王乐井乡农民张德家改造后的新房外观

如今，在盐池县各乡镇，一片欣欣向荣的热闹景象，道路硬化、环境整治、危房改造、厕所革命……所到之处，都能感受到当地夯实农村基础设施后带来的发展活力。

精准扶贫之前，盐池县麻黄山乡村庄道路状况

精准扶贫之前，盐池县山区农村道路崎岖难走

盐池县王乐井乡通过精准扶贫，实现村村通硬化路

精准扶贫之后，盐池县建成的农村公路四通八达

此外，盐池县将整村推进与美丽乡村建设、农村环境整治等相结合，实现全县 102 个行政村村级文化服务中心全覆盖，所有村卫生室全部达到标准化，实现宽带网络、广播电视全覆盖。采取客运公司 + 公交公司运行模式，实现所有行政村开通客车。通过政府购买公共服务方式，实现农村环卫保洁全覆盖，建立了农村环境保洁长效机制。

盐池县麻黄山乡何兴庄村何忠霖家改造前的窑洞

盐池县麻黄山乡何兴庄村何忠霖家
加固改造后的窑洞

麻黄山乡距离盐池县城较远、山大沟深、基础设施相对滞后，以前当地群众人畜饮用水无法得到保障。针对这一问题，盐池县对当地人畜饮水问题进行了实地调研。针对技术要求高、施工难度大、运行管理成本较高的诸多难题，邀请区、市专家多次进行论证，数次召集县乡村三级干部研究讨论制定方案，多方征求群众意见优化完善方案，并协调争取各方面资金 5000 余万元，实施了南部山区人饮安全供水工程。自此山大沟深的麻黄山乡老百姓，家家户户喝上了甘甜达标的自来水。

看着洁白的墙壁、独立的卫生间、崭新的门窗和顶棚，盐池县王乐井乡刘四渠村村民温顺老人说："旧房子都住了 30 多年了，能够住进宽敞明亮的新房子是我多年的梦想，现在梦想成真，住进了敞亮的富民安居房，我的心里美滋滋的。"

盐池县农民也和城里人一样住上了宽敞明亮的大房子

2018 年对于冯记沟乡暴记春村村民杨科一家人来说可谓喜上添喜。“多亏了危房改造，要不做梦都没想到这辈子还能住上属于自己的房子。”杨科说。

2009 年至 2018 年上半年，盐池县共筹措各类项目投资 6.29 亿元，共解决农村 12095 户困难群众的住房问题，实现了所有农户安全住房有保障。

让农民住上安全住房，是盐池县精准扶贫的重中之重。

从“十一五”末到“十二五”期间，盐池县结合社会主义新农村建设，加大农村危窑危房改造力度，通过维修加固、群众自建、政策兜底、易地搬迁等具体措施，改善了广大农村群众的居住条件。

2014 年，盐池县按照推进新型城镇化发展和脱贫攻坚总体要求，以开展农村危窑危房改造、美丽乡村建设、农村人居环境整治等村镇建设重点工

盐池县农民脱贫后住房条件从根本上改善，不愁吃，不愁穿，幸福感明显上升

作为抓手，着力完善农村地区基础设施建设，改善农村地区环境面貌。紧紧围绕解决农村危窑危房户和无房户“不愁住”“住房有保障”目标，以农户自筹为主，以政府补助、政策扶持和社会参与等措施为抓手，切实解决农村住房安全问题。

针对多年来群众建房积极性不高、存量危房较多的问题，2017 年，盐池县在自治区对“四类人员”（建档立卡贫困户、低保户、农村分散供养特困人员和贫困残疾人家庭）补助 1.8 万元的基础上，将补助资金提高到 3 万元，按照安全住房标准，采取“十个一批”措施（维修加固、群众自建、政策兜底、购房安置、易地搬迁、集中建设、周转房安置、公租房扩面、租赁补贴、有偿拆除），对建档立卡贫困户和非建档立卡户危房危窑改造实行普惠政策，两年内改造危房危窑 6991 户，维修加固住房 4170 户，对 37183 户农村常住户住房全部进行了安全住房鉴定，实现了所有贫困户住房安全有保障。

2014 年至 2018 年上半年，盐池县紧紧围绕自治区“规划引领、农房改造、基础配套、收入倍增、环境整治、生态建设、服务提升、文明创建”八大工程要求，先后投入资金 4 亿元，累计实施了大水坑镇自治区级特色小镇建设，大水坑镇、惠安堡镇、高沙窝镇、麻黄山乡美丽小城镇建设，完成美丽村庄建设 47 个。在推进美丽乡村建设中，扎实推进贫困村硬化、绿化、美化等改造，基本实现了贫困村基础设施“七个全覆盖”。围绕乡村产业发展、公共服务提升等方面，新建改造了一批农贸市场、垃圾中转站、公共厕所等配套设施，实现了所有乡镇、行政村文化广场全覆盖。

盐环定扬黄灌区的建成对盐池县扶贫开发起到了巨大作用

## 二、因地制宜引导产业发展，筑牢脱贫根基

“要脱贫也要致富，产业扶贫至关重要”，习近平总书记2016年在安徽考察时强调，产业要适应发展需要，因地制宜、创新完善。

中国滩羊之乡——盐池县

“盐池滩羊”是养殖业中的著名品牌。现代科学研究成果表明，盐池滩羊肉营养成分结构具有明显优势，其肉质细嫩，无膻腥味，脂肪分布均匀，含脂率低，营养丰富，是羊肉中的精品，备受消费者喜爱。二毛裘皮是盐池滩羊另一个著名的产品，其有禾采之貌，毛色洁白，光泽悦目，花穗美观，图案清晰，高贵靓丽，毛皮轻便，毛股长而坚实，根部柔软不黏结，能够纵横倒置，是裘皮中的上品，属宁夏的“五宝”之一，居盐池“三宝”之首，

已享誉世界近300年。在2014年《舌尖上的中国》节目第二季中有“黄河冲出贺兰山，塑造了宁夏平原，几乎所有的美食家都认为这里的羊肉质地最佳”的描述，说的正是盐池滩羊肉。

盐池滩羊肉展示交易中心开业暨G20峰会使用盐池滩羊肉媒体见面会

2016年10月19日，“盐池滩羊肉”品牌战略规范发布暨G20杭州峰会宴会使用盐池滩羊肉推介会在杭州举行。最终，盐池滩羊肉被确定为G20专供食材，实现了从地方特产到国宴食材的华丽转身。此后，“盐池滩羊”宣传推介活动在全国各大城市陆续展开。继G20杭州峰会之后，在金砖国家厦门峰会和上合组织青岛峰会上，“盐池滩羊肉”再次成为国宴食材。“盐池滩羊肉”的品牌价值如今也飙升至68亿元。

2016年盐池滩羊荣获“一带一路”农产品品牌建设应用贡献奖和第十四届全国农产品博览会金奖。2017年荣获最受消费者喜爱的中国农产品

盐池县举办第三届中国宁夏（盐池）滩羊节推介活动

区域公用品牌和中国百强农产品区域公用品牌，成功创建为国家级农产品地理标志示范样板，入选全国商标富农十大典型案例，被认定为中国重要的农业物质文化遗产。由此，盐池滩羊完成了从地方特产到国宴食材的成功蜕变，成为带动农户脱贫致富的“一号产业”，以滩羊为主的特色产业对农民增收的贡献率达60%以上。

青山乡古峰庄村民康金瑞饲养有300多只滩羊，这为他带来了每年近20万元的收入。“六年前，俺家里只有几十只羊，村委会为了能让俺致富，帮俺争取了贷款，还争取了相关的政策补贴，短短几年，俺家滩羊养殖规模就发展到了300多只。现在家里情况比以前好太多了，两个儿子也在县城里买上了楼房，日子越过越好。”康金瑞说。

滩羊被当地群众称为脱贫致富的“小银行”。近年来，盐池县围绕滩羊产业高端化发展，制定了滩羊饲喂、屠宰、加工等27项标准，开发了盐池滩羊基因鉴定技术，在全国35个大中城市建立营销网络，盐池滩羊肉专营

盐池县优质滩羊肉深加工产品销往全国各地

店累计达226家，盐池滩羊品牌价值不断提高，滩羊肉价格从2015年的30元/千克提高到2018年的60元/千克，盐池滩羊肉“三上国宴”，促进了市场价格稳步提高、外销量明显增加，品牌影响力位居2018年中国区域农业畜牧类榜首。

在盐池县，成千上万的贫困人口正通过滩羊、黄花和牧草等多种产业扶持路径，重新获得脱贫的自信和希望。

从2013年开始，盐池县坚持把滩羊、黄花、中药材、小杂粮、牧草等特色优势产业作为贫困群众脱贫的主导产业，出台了阶段性产业发展意见及年度产业发展实施方案，打响“绿色、生态、有机、富硒”四张牌，突出精细管理、精深加工、精准扶持，加快特色产业持续发展步伐。到2016年，盐池县特色产业发展框架基本形成，以滩羊为主导的特色产业产值占农业总产值的80%以上，辐射全县95%的贫困村和贫困户，冯记沟乡滩羊、惠安堡镇黄花、麻黄山乡小杂粮等特色产品示范带动作用显著增强。

盐池县花马池镇八岔梁村农民在饲育二毛羔羊

2017 年，盐池县按照“普惠 + 特惠”原则，出台“特色产业 10 项”扶持政策，对所有农户实行县级主导产业扶持政策“全覆盖”，对建档立卡贫困户实行扶贫产业扶持政策“全覆盖”，建档立卡贫困户户均扶持 6000 元以上，推动以滩羊养殖为主导，牧草、中药材、小杂粮、黄花种植为支柱，适合家庭经营小品种为补充的“1+4+X”特色优势产业做大做强。围绕品牌带动战略，组建了盐池滩羊产业发展集团和乡村滩羊协会，对产业链关键环节实行“六统一”措施，牢牢掌握滩羊肉市场价格话语权。坚持因户因人施策，出台小品种产业多种经营扶持政策，黑毛猪、滩鸡等适合家庭经营的小品种迅速发展，户均增收 1500 元以上。2018 年，盐池县滩羊饲养量达到 311.2 万只，累计种植黄花达 8.1 万亩、中药材 6 万亩、小杂粮 44.2 万亩、优质牧草 14.5 万亩，农民人均可支配收入达 10599 元。同时，盐池县积极探索旅游扶贫、电商扶贫、光伏扶贫等扶贫新业态，全县 74 个贫困村建设了村级光伏电站，实施了分布式和屋顶光伏项目，村集体每年增收 22 万元，3176 户群众每年增收 3000 元，可持续发展 20 年。

盐池县黄花产业种植基地

盐池县旱地种植的小杂粮——糜子

盐池县旱地种植的小杂粮——荞麦

盐池县旱地种植的小杂粮——谷子丰收在望

盐池县种植的黑豆

盐池县积极发展滩羊标准化养殖

盐池县冯记沟乡马铃薯种植基地

盐池县南部山区旱地油料种植基地

## 三、金融扶贫“盐池模式”为脱贫攻坚注入强劲动力

“穷可贷，富可贷，不讲信用不可贷。”这是一句在盐池县广为流传的话。在信贷领域，“富可贷”不稀奇，但“穷可贷”并不符合一般金融机构的贷款逻辑。在缺乏资产抵押的情况下，金融机构向穷人发放贷款，一旦穷人无力还款，将很难追回贷款本息，发生呆账坏账的风险极高。所以在过去，人们普遍认为，发放贷款给穷人，这是一项不可能完成的任务。在我国贫困地区，缺资金、贷款难，是阻碍农村贫困人口脱贫致富的“拦路虎”。

如何解决贫困人口贷款难、资金需求无法满足的问题？在宁夏回族自治区，一种被称为“盐池模式”的金融扶贫开发发展新路径，经过多年的探索逐渐成形，并向全国推广。

多年来，盐池县紧紧围绕“党政主导、厚植诚信、产融结合、风险防控、保险跟进、改革创新”的总体思路，大力发展普惠金融，探索以“信用 + 金融 + 产业”三位一体的金融扶贫新模式，走出了一条依据互助资金

盐池县村级发展互助资金发放现场

构建金融扶贫诚信环境、依托金融创新推动产业发展、依靠产业发展促进贫困群众增收致富的新路子。

正所谓“贫有百样，困有千种”，解决问题必须依靠强有力的改革创新来实现。盐池县坚持问题导向，大胆探索实践，大胆创新突破，在前期村级互助资金合作社的发展基础上，全县金融机构对信贷产品设计立足实际，打造了包括互助资金、千村信贷、资金捆绑、企业参与、评级授信、小额信贷、融资担保和保险保障的全方位、立体化金融扶贫体系，解决了制约金融脱贫的深层次问题，开创了以“信用 + 产业 + 金融”（信用建设 + 产业基础 + 金融支撑）“三位一体”的金融扶贫“盐池模式”，为脱贫攻坚注入了强劲动力，成为金融扶贫实践的生动范例。2016 年 8 月 30 日至 31 日，全国金融扶贫工作培训班在盐池县召开，金融扶贫的“盐池模式”在培训期间向全国推广。

“部分省区创新发展扶贫小额信贷培训班”在盐池县举办

2015 年 6 月 24 日全国北方片区金融扶贫培训会在盐池县召开

盐池县政府“三位一体”金融扶贫模式，是紧紧围绕“党政主导、厚植诚信、产融结合、风险防控、保险跟进、改革创新”的总体思路，大力发展普惠金融，探索以“信用 + 金融 + 产业”“三位一体”的金融扶贫新模式。走出了一条依托金融创新推动产业发展、依靠产业发展促进贫困群众增收致富的新路子，实现依托金融创新推动产业发展，依靠产业发展促进农民增收的目标。

王乐井乡曾记畔村是盐池县第一个金融扶贫项目示范村

2016 年，盐池县大力实施四级信用、小额信贷、融资发展、风险补偿、保险保障五项金融扶贫工程，实现了风险补偿金筹集、贷款总量、信用平台建设、评级授信、金融服务覆盖面“五个新突破”，形成了金融扶贫“盐池模式”，同时也破解了扶贫小额信贷 10 个难题，实现了扶贫小额信贷贴息、建档立卡贫困户评级授信、金融服务网点三个“全覆盖”。在全区率先创新实行“扶贫保”，按照“保本、微利”的原则，筹资 2200 余万元，“量身定做”了 12 项脱贫保险，实现了建档立卡户脱贫保险“全覆盖”，确保贫困群众脱贫路上“零风险”。全年发生理赔金额达 2024.4 万元。同时，整合投入资金 5000 万元设立县级风险补偿金，对建档立卡贫困户全部实行免抵押免担保，破解了 60 周岁以上及非恶意“黑名单”贫困户不能贷款的难题，充分发挥了金融杠杆作用，破解了扶贫资金短缺的难题。

盐池县融盐担保公司为贫困户发放保险金现场

“扶贫保”经验被中央深改领导小组办公室面向全国推荐交流。

盐池县“扶贫保”的基本原则是：在风险可控的前提下，从实际出发，整合各类资金，坚持政府引导、市场化运行、“保本、微利”的原则，充分发挥保险行业优势，实现全县农村居民“扶贫保”全覆盖，做到脱贫路上零风险。

2017—2018 年，盐池县继续实施并不断完善金融扶贫保险政策。投保对象为全县饲养基础母羊和种公羊的建档立卡贫困户。推行的与滩羊相关的保险包括：（1）基础母羊、种公羊养殖保险。每只基础母羊、种公羊保险金额 600 元。保险费率为 6%，每只羊保费 36 元。自治区财政每只羊补贴

宁夏银行工作人员到盐池县王乐井乡滩羊养殖户家中走访金融扶贫情况

15元，县财政每只羊补贴15元，群众自筹每只羊6元。对基础母羊和种公羊，因条款中规定的自然灾害、意外事故、疾病造成羊只死亡，保险公司负责赔偿。（2）滩羊肉价格指数保险。滩羊肉保险金额为每只滩羊828元，保险费率4.78%，保费39.6元/只，约定52元/千克。当价格下跌导致滩羊肉的销售收入低于保险合同约定的预期收益时，保险机构按照保险合同约定负责赔偿。保费来源由县财政补贴50%（19.8元），群众

盐池县冯记沟乡贫困户杜连雄做了两次大手术，80%的手术费通过各种途径给予报销，全家人非常感动

自筹 50%（19.8 元）。

盐池县推行的滩羊扶贫政策（既包括财政政策，又包括金融政策和保险政策）稳步扩大了贫困户滩羊养殖规模，提高了抵御市场价格波动风险的能力，为贫困户注入了增强自我发展的内生动力，为“打好滩羊牌，全村发羊财”政策实施提供了必要条件。但要使贫困户具备稳定脱贫的可持续发展机制，还亟须培育具有带动能力的龙头企业与合作社，再造产业链条。为提高全县农业人口风险保障水平，帮助贫困人口摆脱因病、因灾、因市场价格波动等致贫返贫的恶性循环。2016 年，盐池县在总结提升扶贫小额贷款模式的基础上，针对“盐池滩羊肉市场价格波动较大，因灾因病因婚致贫比重大，贫困群众发展信心不足、能力不强”等问题，按照“保本、微利”的原则，与驻地保险机构合作在全区率先创新了“扶贫保”，为建档立卡贫困户量身打造了特色农业保、羊肉价格保、大病医疗补充保等 12 种扶贫保险模式。

中国人寿与盐池信用联社大额理赔兑现仪式

盐池县青山乡杨成沟村建档立卡贫困户侯德利，2018年5月因胰头恶性肿瘤在宁夏人民医院就诊治疗，共花费医疗费18.22万元，巨额花费对这个原本家庭条件就不宽裕的贫困户来说，无疑是雪上加霜。保险公司在接到报案后，第一时间收集资料，开通绿色通道。在基本医疗和大病保险报销共计12.39万元后，资金差额为5.83万元，在扣除个人应承担的费用后，中国人寿按照大病补充医疗保险赔付4.39万元，累计报销16.78万元，有效解决了被保险人看病难问题，减轻了被保险人家庭经济负担。

盐池县高沙窝镇大疙瘩村建档立卡贫困户任生金，2017年3月6日驾驶摩托车发生交通事故，不幸身亡。中国人寿宁夏分公司按照“信贷险”“扶贫保家庭成员意外伤害保险”“互助资金”的理赔规则，分别赔付5万元、4.5万元、1万元保险金，总计赔付10.5万元死亡保险金，对被保险人家庭起到了有效的经济补偿作用。

2016年8月22日，全国金融扶贫工作培训班代表在冯记沟乡现场观摩

金融扶贫盐池模式的主要内容是互助资金、千村信贷、资金捆绑、评级授信、小额信贷、企业参与、融资担保和保险保障。以互助资金打造诚信平台，以扶贫小额信贷发挥“四两拨千斤”作用，以资金捆绑把扶贫资金变为发展资金，以评级授信和扶贫小额信贷解决贷款难、贷款贵问题，从政府投入到引入社会资本。“盐池模式”在金融扶贫中发挥着极具市场活力、促进自我发展的功效。

2016 年 8 月 30 日全国金融扶贫工作培训班在盐池举办

“盐池模式”给我们的启示和思考主要有两点：

一是“盐池模式”所遵循的规律。首先，遵循了市场规律的原则。造就“盐池模式”的基础是互助资金、小额信贷资金投向了既有发展愿望又有发展能力的贫困户用于养殖业。由于盐池滩羊肉在宁夏甚至西北地区享有较高声誉，一直供不应求，贫困户生产出的产品随时能够销售出去，有利于扩大再生产和实现资金的原始积累，从而实现家庭的脱贫。其次，遵循了渐进性、长期性的原则。“盐池模式”的互助资金、小额信贷的重要特点是低额度、短周期、循环贷，适应了贫困户发展生产各个阶段的需求与实际情况，既有利于贫困户对养殖技术的学习积累，更有利于诚信意识、发展生产信心、致富愿望的培养积累。最后，遵循了先精准识贫后精准扶贫的原则。互助资金、小额信贷是在贫困户相互熟知的基础上，通过五户联保的道德约束，能够精准筛选出贫困户、诚信者，确保了“建档立卡贫困户 5 万元以下、3 年期以内、免担保免抵押、基准利率放贷、财政贴息”扶贫小额信贷政策的全面落实。同时，贫困村互助资金使“等救济睡着吃”的观念变为“靠双手干着吃”，贫困村互助社也成为金融机构诚信客户的摇篮，农民普遍树立了“好借好还，再借不难”的诚信意识。正如一位贫困户所言：“乡亲们不再认为扶贫贷款是救济款，可以拖着不还，而是想方设法利用贷款养羊赚钱，活得有面子有尊严。”

盐池县及时把保险理赔款发放到户

二是创新有关精准扶贫的工作思路。第一，要建立协调配合工作机制。需要政府行为与市场力量、政府扶持与群众自力更生有机结合，蹚出一条精准扶贫之路。第二，要尊重市场主导作用。维护好市场，协调各部门和企业，以特色产业为纽带，以龙头企业带动产业合作，合作社带动贫困户的利益联结机制，建立资金跟着穷人走、穷人跟着能人走、能人跟着产业走、产业跟着市场走的扶贫路径，把资金用于发展种植、养殖、加工等能增加贫困户收入的产业项目上，把可持续扶贫产业发展好、维护好。第三，要强化保障和服务意识。政府部门需要尽力为贫困户提供养殖培训、融资担保、牛羊养殖过程免费投保等服务，帮助他们从“分户单干”逐渐走向“抱团取暖”，为贫困户持续、健康发展提供有力保障。第四，要发挥好政策兜底作用。对农村丧失劳动能力的老弱病残等实行农村低保政策，对特殊原因致贫人员实行生活救济，将有限的扶贫资金用在刀刃上。

黄河银行盐池信用联社支持滩羊产业发展贷款发放仪式

## 四、治贫先治愚，阻断代际贫困

习近平总书记说："摆脱贫困首要并不是摆脱物质的贫困，而是摆脱意识和思路的贫困。扶贫必扶智，治贫先治愚。贫穷并不可怕，怕的是智力不足、头脑空空，怕的是知识匮乏、精神委顿。"

2009 年 12 月 31 日，盐池县教育基金会成立仪式现场

教育扶贫，是阻断贫困代际传递的最有效途径。

"为了孩子，花多少钱都值得；为了教育发展，怎么花都不为过。"这是盐池县政府对发展教育的庄严承诺。

盐池县充分发挥教育扶贫在脱贫攻坚中的基础性、根本性、持续性作用，不断创新思路、强化举措，努力促进城乡教育水平不断升级，在宁南山区率先实现教育强县目标。寄宿制管理经验在全区推广，盐池县学校标准化和信息化建设走在全区前列，率先实现基本普及高中阶段教育，义务教育均衡发展高标准通过国家验收，学前教育体制机制改革工作经验在全国推广。

通过不断创新和突破，盐池县闯出了一条“穷县也能办好教育”的新路子。

近年来，盐池县义务教育经费实现了县财政对教育拨款、生均教育经费、生均公用经费“三个增长”，本级财政根据实际需要安排公用经费，重点向农村和薄弱学校倾斜，并逐年增长，小学、初中生均公用经费分别达到200元和220元，位居全区前列。成立了宁夏首家县级教育发展基金会，每年投入320余万元，用于优秀校长、教师奖励，资助困难家庭学生就学。重点实施了校安工程、薄弱学校改造等教育基础设施工程，全力推进学校标准化建设，全县义务教育学校办学条件得到均衡发展。率先在全区全面实行义务教育阶段免费教育，2017年，盐池县实施了学前到大学直至就业的16项教育精准扶贫政策，义务教育阶段小学按时入学率达到100%；初中按时入学率为98.9%，义务教育阶段辍学率为零，“两后生”全部享受县内免费职业教育。全县教育事业步入了科学和可持续发展轨道。

2017年9月25日，中国扶贫宣传形象大使刘媛媛公益音乐课走进盐池县大水坑毛泽民小学

盐池县建立特殊群体关爱机制，将进城务工人员随迁子女就学纳入教育发展规划，进城务工人员随迁子女全部安排到公办学校就读；留守儿童就近安排在寄宿制学校就读，建立了乡镇、村干部联系责任制和教师“一对一”帮教制度，给留守儿童更多关爱。建立了民办特殊教育中心，县政府免费提供教学场地、房舍，生均按6000元标准拨付公用经费，并给予采暖费补助；投入资金100余万元，建设残疾儿童随班就读资源教室，使全县残疾少年儿童享受优质特殊教育服务，三类残疾儿童入学率达到97.5%。全面落实学前二年教育资助、义务教育“三免一补”等政策，并通过盐池教育发展基金、燕宝慈善基金等各类资助项目，实现了学前到大学学生资助全覆盖。结合精准扶贫，免除了普通高中学生学费、书本费和寄宿生住宿费，并对全县中小学寄宿生给予交通补贴。新建改扩建学校食堂27所，对农村偏远学校的水、电、暖等设施进行全面改造，有效保障了农村学生就餐安全。目前县本级配

2010年8月31日，盐池县实现了农村住校学生的营养早餐

套营养改善计划经费生均达到440元，为全区最高。

盐池县确立教育“一个也不能少，一个也不掉队”的信念，保障了每个适龄少年儿童公平享受教育的权利。“雨峡基金”“陈海助学金”“工会班”等助学方式的推行，以及政府和社会资助项目也帮助贫困家庭孩子避免了失学之忧。2006年至2016年，盐池县接受社会捐资助学2114万元，资助贫困学生28.4万人次。2018年，盐池县落实教育扶贫资金3517万元，为1332名大学生和510名困难学生发放燕宝慈善基金666万元和102万元，为2306名大学生办理生源地助学贷款1555万元，做到应贷尽贷。

都说变了样
——刘媛媛

党的十八大以来，盐池县加大了文化场所建设力度。到“十二五”末，全县已建成宣传文化中心、文化馆、图书馆、博物馆等各类文化活动场所35处，每年举办各类大型文艺和广场文化演出150余场次，观众超过100万余人次。

盐池县第三中学全貌

通过文化扶贫，盐池县群众的精神面貌有了很大的改观

2016 年，盐池县实施创建国家公共文化服务体系示范区项目，将文化馆、图书馆、博物馆全面免费开放。2017 年，依托“中宣部百县万村”和宁夏文化扶贫工程，严格按照自治区“七个一”标准，高标准建设 102 个村综合文化服务中心，实现全覆盖。新建的文化活动室、文化广场、乡村大舞台、公共图书（电子）阅览室中，各类器材等功能设施完善，活动设备齐全。实现农村广播电视“户户通”、农村智能广播“村村响”。“真情连万家、文化惠民生”送戏下乡，“文化旅游赶大集”等特色文化惠民品牌活动深入开展，2017 年全县各类文艺演出 300 余场次。刺绣等文化产业扶贫工作开展得有声有色，2017 年共举办 13 期文化培训班，参加培训人员 800 人，参加培训学员人均年增加收入逾万元，农村百姓既富了“脑袋”又富了“口袋”。

扶贫不仅要扶物质，也要扶精神、扶智力、扶文化。为认真贯彻落实吴忠市关于进一步开展“三先开路”，从精神领域开展“扶贫先扶志、治贫先治愚、脱贫先脱旧”专题教育活动，从思想上“拔穷根”的工作要求，从

2017年11月起，盐池县各乡镇推选61名脱贫典型、致富带头人深入乡、村、组开展“三先开路话脱贫”巡回宣讲活动，通过贫者说贫、典型引路，用身边的事教育身边的人，进一步激发广大群众的内生动力，有效破除了一些贫困群众“等着政府送小康”的依赖思想。2018年共开展119场宣讲活动，受教育群众达31万人次。

2018年，盐池县致力于以文化人，深入推进公共文化服务体系建设，新建县文化馆、图书馆等基础设施，对全县102个行政村文化站进行改造提升，实现县乡村三级公共文化服务网络全覆盖。进一步放大盐池元素，常态化开展盐州大集·民俗嘉年华、滩羊美食文化节等特色节会，创新“互送共享”文化惠民模式，打造广场文艺演出、农民文艺会演等六大文化惠民品牌，送戏下乡年均70余场次、举办广场文化活动60余场次，形成了城乡文艺互动、城乡居民同乐的良好局面。

2018年1月23—26日，盐池县举办了“感恩奋进　我的脱贫故事”主题巡回宣讲活动

盐池县在古城墙脚下开展民俗展演文化活动

针对部分乡村群众盲目跟风、婚丧嫁娶大操大办、人情礼金居高不下等旧风俗、旧陋习，盐池县充分发挥“村规民约”和禁赌禁毒会、红白理事会等“一约四会”作用，出台盐池县乡风文明建设工作方案，明确规定婚丧嫁娶随礼金额和菜品标准，引导群众简办婚丧嫁娶事宜，全面提升农村精神文明建设水平。用好管好 102 个村级综合文化服务中心和高沙窝镇民风教育基地，新建 45 个民风教育室，有效利用民风教育室、纪念馆等教育阵地，引导干部群众忆家史、学村史。

## 五、科技成为脱贫致富的重要支撑

成立于 2016 年的盐池县花马池镇专家服务团现有专家 11 名，主要服务该镇 24 个行政村，3.6 万人口。

该专家服务团探索建立会员“1+1”“企业 + 贫困户 + 基地”和“企业 +

贫困户＋协会”“支部＋协会＋贫困户”等助贷扶贫模式，把协会建到金融链、产业链上，真正把基层协会与金融扶贫拧成了一股绳，实现合作共赢。

与此同时，积极开展专家与建档立卡贫困户一对一跟踪指导服务，按照不同产业、种植（养殖）季节，前往农户家及田间地头开展现场指导、咨询服务等。先后举办各类技术培训班28期，受益群众达12000余人次，解决实用科技难题149个，辐射带动了3000余户，有力地促进了农业增效、农民增收。

盐池县农民在人工种植甘草

盐池县田丰甘草种植专业合作社理事长郭万福育有170亩甘草种苗，他在科技部门的指导下，采用宽膜覆盖膜下育苗新技术，亩均栽植密度达1.5万株，亩产达到800千克，产值达5000元以上，是过去传统种植方式的三四倍。郭万福说，这两年甘草价格逐渐回升，合作社不仅育苗，还搞甘草切片加工，是科技助力使盐池甘草提高了身价。

盐池县积极发展甘草、黄芪等中药材种植。图为黄芪种植基地

盐池县以聚力科技脱贫攻坚，推进特优产业发展为主体，以技术为支撑，推广了一批新品种新技术，培养了一批懂技术、会经营的新型农民，带动了农民科技致富。盐池县充分发挥中国滩羊之乡、中国甘草之乡、中国荞麦之乡品牌优势，制定“创新驱动28条”等科技创新支持政策，组建了滩羊选育场、滩羊繁育中心，制定滩羊饲喂、屠宰、加工等27项生产技术规范，培育了320个标准化滩羊养殖园区和40个养殖专业村，特别是利用基因重组测序等方法开发出盐池滩羊基因鉴定

盐池县举办的滩羊养殖技能培训班学习人数众多

盐池县中药材产业人才培养项目培训班

技术，保证了滩羊肉质的纯正。

盐池县还建立了三个产业研究中心、七个科技种植示范基地，先后示范推广110余项新技术，带动全县年均种植黄花菜8.1万亩、小杂粮40万亩、中药材6万亩。特色产业对农民增收贡献率达80%以上，贫困户人均可支配收入突破9000元。

盐池县始终把防沙治沙、绿化家园作为扶贫开发的重中之重。盐池县坚持科学治沙、科技兴林，一张蓝图绘到底，先后与自治区农科院、北京林业大学等科研院校合作，开展了沙漠化土地综合整治试验等10余项科技课题攻关，推广应用了干旱带流动半流动沙丘固沙植树种草等八项治沙技术，在抗旱造林技术等方面取得重大突破。通过实施“三北”防护林等重点生态建设工程，建成哈巴湖国家级自然保护区等21个省部级以上防沙治沙综合治理示范区，实现了“人进沙退、山川披绿”。

盐池县每年举办种植养殖等方面科普知识讲座60余场次，并选派160余名科技特派员、30余名“三区人才”和12名科技扶贫指导员，深入乡村结对开展技术指导，帮助群众增强想富、敢富、能富的信心。大力实施新型职业农民培育工程，先后建立了五个创业示范园区、七个产学研科教示范基地、四个星创天地、一个众创空间，创办了“田间课堂”“三农新型平台”等农技培训平台，实现了有条件的贫困人口每人掌握1—2门实用技术。建立了宁夏首个县级科技馆，建成了一批农村科技文化大院，通过深入开展“崇尚科学、反对迷信”等活动，引导贫困群众破除“宁愿受穷也不愿受累”的旧观念，营造了光荣脱贫、科学致富的新气象。

## 六、“四报销四救助”解决因病致贫、返贫难题

盐池县花马池镇柳杨堡村村民刘凌清，患慢性肾病在医院做了肾移植手术。2018年6月28日，在盐池县永宏一药店购买麦考酚钠肠溶片和他克莫司胶囊等药品，共计5280元。根据盐池县健康扶贫新政策，刘凌清享受“三定一限”救助，由财政补助2640元，个人实际支付2640元。刘凌清是盐池县健康扶贫的众多受益者之一。

2012年9月盐池县为农村儿童、老人免费体检

近年来，盐池县围绕让贫困人口“看得起病、看得好病、能少得病”这一目标，不断完善报销、救治和预防等各类健康扶贫政策，有效解决因病致贫、返贫的难题。盐池县把健康扶贫作为脱贫攻坚的基本保障，织牢防病治病的安全网，积极探索，创新实践，着力解决大病救助保障力度不够、医疗

能力弱、群众健康意识低、就医负担重等难题，蹚出了一条健康扶贫的精准之路。

针对因病致贫、返贫率高、60岁以上老人患地方病较为突出、慢性病报销比例低等问题，盐池县积极探索创新举措，提高医疗保险参保补助标准路径。对建档立卡贫困户缴纳城乡医保二档或三档的，由县财政补助一档费用。成立了宁夏首个县级卫生发展基金，探索建立“四报销四救助”补助体系（基本医保报销、大病医疗保险报销、大病补充医疗保险报销、家庭综合意外伤害保险报销，民政医疗救助、扶贫慈善救助、财政救助、卫生发展基金救助），确保建档立卡贫困户年度门诊个人医疗费用支出不超过15%，住院个人医疗费用支出不超过10%，年度住院累计个人支付不超过5000元。2018年，盐池县救助6141人次，救助金额479.24万元。截至2018年底，盐池县共有群众1271户23244人次从中受益，因病致贫人口由2016年底的

由革命老区促进会牵头，多次组织专家到盐池县开展义诊活动

3078 户 7992 人大幅下降至 195 户 463 人，建档立卡贫困户患者住院医疗费用实际报销比例达到 92.3%。

推行“先诊疗后付费”服务模式，实施“一站式”结算，患者只需支付医保报销后个人负担的费用，确保医疗报销救助无缝隙、全覆盖。对高血压、糖尿病门诊购药报销后个人自费部分实行所有农户补助 60% 的普惠政策；对慢性病和地方病扩大报销范围、提高补助标准，2018 年盐池县加大了医保救助边缘人群的救助力度，对农村 60 周岁以上患有腰腿痛疾病的老年人，在门诊购买治疗药品补助 670 元，使报销金额达到 1000 元。

盐池县举办“全民健身　从我做起”活动

同时，盐池县大力推进健康服务工程，创新开展“五项补助”服务项目，为所有建档立卡贫困户开展家庭医生签约服务，每人补助 100 元签约服务包；为 1970—1989 年出生的盐池户籍人口接种乙肝疫苗进行全额补助；为 7—9 岁儿童口腔窝沟封闭进行全额补助；为全县 822 名农村孕妇进行预防新生儿缺陷筛查进行全额补助；为原发性高血压、Ⅱ型糖尿病 11267 名患者门诊购药进行补助。为 8112 名因病致贫、慢性病患者进行了免费体检，为 4000 多名大病患者落实医疗报销政策，全县建档立卡贫困户基本医疗保险参保率达 100%。

盐池县还成立了健康促进委员会，建立了健康促进工作网络，全面开展“健康盐池大讲堂”等活动，倡导健康文明的生活方式，不断巩固健康促进县成果，提高全民健康素养和防病治病意识。

## 七、生态也能当饭吃

陈吉元是盐池县花马池镇猫头梁村村民，2015 年，他看到家乡的生态环境越来越好，便返乡成立了公司，流转当地农户土地，以“公司＋合作社＋农户”为发展模式，带动农户大力发展集牧草种植、特色采摘、特色种养、旅游垂钓于一体的综合性生态农业园区。

他鼓励建档立卡贫困户进入园区实行生态脱贫，积极探索以棚为单位的承包种植，公司无偿提供技术指导和苗木种植，农户进行田间管理和经营，实行公司和农户利润均分的模式，每年保证 80 户贫困户每户纯收入达到 1.5 万元。“我们依托这里良好的生态，创新发展模式，以绿生金，带动更多的乡亲们依靠生态脱贫致富。”陈吉元说。

2000 年 5 月 12 日，盐池县在宁夏第一个实施国家级保护母亲河绿色工程项目，在惠安堡镇境内山水河和苦水河流域植树造林

2015 年 2 月，习近平总书记在延安主持召开陕甘宁革命老区脱贫致富座谈会时指出，推动陕甘宁革命老区发展，必须结合自然条件和资源分布，科学谋划、合理规划，在发展中要坚决守住生态红线，让天高云淡、草木成荫、牛羊成群始终成为黄土高原的特色风景。

盐池县自 2002 年 11 月 1 日起率先在全区实行草原全面禁牧，天然草原植被明显恢复

“生态也能当饭吃。”这是盐池县贫困群众过去想也不敢想的事。

盐池县贯彻落实“绿水青山就是金山银山”发展理念，大力贯彻“生态立区”战略，持续推进生态建设，探索出了“北治沙、中治水、南治土”的总体思路，形成了防沙治沙的“盐池模式”。

这些年来，盐池县生态建设取得的成效，彰显了盐池革命老区儿女数十年抗击沙害、顽强植绿，众志成城、持之以恒的坚强意志。

“十二五”期间，盐池县防沙治沙投工投劳 20 万余人次，投入资金达 3.2 亿元，治理面积 50 余万亩，建成防沙治沙综合治理示范区 12 个。2002 年 11 月，盐池县率先在全区实行草原禁牧，2003 年 4 月 13 日盐池县草原承包工作通过自治区验收。草原得到了休养生息，确保禁得住、管得好、不反弹，实现了生态保护、人的生存和滩羊养殖三者之间的良性协调发展。更为重要的是，盐池县依托优势，突出特色，谱写生态“产业曲”，每年为农民创收超过 3 亿元。

盐池县高沙窝镇施记圈村流动沙丘原貌

施记圈村采用草方格治理沙漠

施记圈村防沙治沙后的草原一片郁郁葱葱

针对生态环境，盐池县做好“保护”“治理”“开发”三篇文章，利用盐池柠条资源，大力发展柠条转饲加工，以林补饲，以林助畜，先后建成饲草配送中心七个，柠条饲草加工厂八个，辐射带动加工点 106 个，每年为畜牧业提供饲草 40 余万吨。良好的生态环境带动了生态旅游业发展，目前，盐池县已打造花马寺生态旅游区、哈巴湖景区、白春兰防沙治沙业绩园、长城旅游观光带等生态旅游景点，培育了长城自驾、乡村休闲、农家体验等特色旅游产品，生态旅游已成为县域经济发展新的增长点，年接待游客 50 万人次，创收 5000 余万元。

坚持脱贫攻坚与生态保护并重。2017 年，盐池县大力实施精准造林工程，发展林业产业，重点做好生态环境建设、清洁能源利用、农村环境保洁等方面工作，不断巩固生态建设成果，推动绿色发展。全年共计完成柠条平茬 20 万亩、封山育林 2 万亩、人工造林 30437 亩，重点实施长城旅游观光带生态环境修复、美丽村庄绿化、经果林基地建设等九大造林工程。为全县 650 个自然村每村配一名环境卫生保洁员，其中建档立卡贫困户 650 人；安排 600 名建档立卡贫困户为护林员。2018 年，盐池县聘任 980 名有劳动能力的建档立卡贫困人口就地转成生态护林员，每名护林员年均增收 1 万元，并为 5338 户建档立卡贫困户兑付生态效益补偿资金 297.5 万元。

## 八、生态移民加快脱贫致富步伐

盐池的冬天，朔风阵阵。在盐池县花马池镇盈德村村民雷刚家中，100 多平方米宽敞明亮的砖瓦房里却暖意融融。火炉上炖着羊肉，茶几上摆着水果、瓜子，女主人在阳光充足的室内阳台上晾晒衣服，雷刚正在铺设平整的院子里擦汽车。

“俺们是 2002 年从固原移民到盈德村的，刚来的时候，吃饭都是问题。这些年，俺靠着种黄花、打工，日子过得一天比一天好，房子盖了新的，汽车也买了，娃上学都不成问题。俺相信，未来的日子，肯定会更好。”雷刚

盐池县建成最美的塞上新农村——长城新村

自信满满地说。

易地扶贫搬迁工程被称为“生态移民工程”，花马池镇南苑新村是盐池县于2008年开始建设的县内生态移民新村，先后搬迁安置县内八个乡镇移民群众886户2479人。政府为每户补贴1.2万元建起三间砖瓦房，户均分到一栋温棚、一座养殖暖棚和一亩经果林。

2012年11月，盐池县惠安堡镇麦草掌村生态移民搬迁

盐池县的移民搬迁经历了四个阶段。从 1986 年起，盐池县开始组织对一些生产生活条件差、一方水土养活不了一方人的地区群众进行吊庄搬迁，先后由苏步井、冯记沟、后洼三个乡向灵武狼皮子梁和青铜峡甘城子吊庄搬迁 434 户 2049 人。1992 年，盐环定扬黄工程盐池灌区开工兴建，盐池县拉开了县内移民的序幕。

1992 年至 2010 年，盐池县通过县内生态移民，先后开发水浇地 20.3 万亩，搬迁安置移民 1.01 万户 4.2 万人。特别是 2002 年，盐池加大扶贫开发力度，农民人均纯收入从 2002 年的 1429 元增加到 2010 年的 3670 元，贫困人口由 2002 年的 6.1 万人下降到 2010 年的 3 万人。

2011 年，盐池县十六堡生态移民新村启动建设，整合生态移民、扶贫移民等项目，建设设施齐全、功能完善、富有特色的新型生态移民新村。2012 年，盐池县着力打好移民易地搬迁致富和就地扶贫开发两场“硬仗”，进一步完善十六堡、北塘生态移民新村后续配套设施，加快推进产业发展、

盐池县麻黄山乡扶贫易地搬迁点何新庄村

就业培训和社会管理等工作，高标准完成了隰宁堡生态移民新村建设，积极扶持鼓励 4.5 万名困难群众大力发展雨养农业、特色养殖、劳务输出等产业，就地脱贫致富步伐不断加快。

“十三五”期间，盐池县确定生态移民安置点 10 个，搬迁建档立卡贫困人口 519 户 1602 人。按照“实施一个搬迁新村，安置好一方群众，实现一方人脱贫奔小康”的要求，盐池县对移民新村布局、民居设计、村容村貌和产业发展进行科学规划，按照“一乡一业”“一村一品”原则，因地制宜确定移民主导产业。鼓励移民发展以滩羊为主，中药材、黄花、牧草、小杂粮为辅，乡镇多种经营为补充的“1+4+X”特色优势产业，形成了青山乡旺四滩村“龙头企业 + 农户”、王乐井乡曾记畔村“支部 + 产业 + 金融”等产业发展模式。与此同时，依托惠安堡镇萌城、高沙窝镇区、大水坑镇区企业多，务工需求大的优势，形成了以劳务为主的脱贫致富模式。与中民投合作，对 724 户建档立卡搬迁户实施光伏扶贫，每户每年发电收益稳定在 3000 元至 5000 元，可持续受益 25 年。依靠各类培训项目对移民进行种养殖技术、驾驶、厨师、家政、电焊等技能创业培训，增强移民脱贫能力，实现易地扶贫搬迁“挪穷窝、换穷业、拔穷根、脱贫奔小康”的目标。

## 九、抓好就业创业这个民生之本、脱贫之要

2013 年，杨彦昭高校毕业返回大水坑镇二道沟村创业，他成立了湖生种养合作社，陆续流转了 6118 亩闲置土地。盐池县就业部门对杨彦昭给予帮扶，不仅协助他办理了 200 万元的贴息贷款，还赠送给合作社一台价值 60 万元的小杂粮加工设备。杨彦昭也自发延长产业链，新建小杂粮加

盐池县举办挖掘机驾驶员模拟培训班

工厂、滩羊养殖大棚和生猪养殖大棚，发展循环农业。2018 年，湖生种养合作社的 161 户社员户均增收 3000 元，杨彦昭实现了自己事业的价值。在杨彦昭的带动下，二道沟村已经成立了六个专业种养合作社，近百名中青年村民回乡就业。这些返乡就业创业者推动盐池扶贫向“造血式”转变，脱贫步伐大大加快。

自实施精准扶贫工作以来，盐池县积极开展精准就业扶贫工作，把就业与社会保障捆绑在一起，为困难群众打造创业就业“直通车”，让无技术、找不到工作的群众通过就业培训，纷纷找到了增收渠道，为广大贫困户“拔穷根”提供了坚强有力的就业保障。

盐池县大学生志愿者在养殖户家中为其宣传扶贫政策和培训滩羊养殖技术

盐池县建立覆盖全县八个乡镇 102 个行政村的技能培训、社保、劳务联系点，为八个乡镇配备服务专干，每个行政村聘请一名联络员，精确掌握每一位贫困劳动力的就业及社保情况。同时，开展春风行动暨脱贫富民现场招聘会、闽宁劳务协作就业扶贫专场招聘会和高校毕业生供需见面招聘会，充分用好用足现有就业创业政策，促使贫困户提升劳动能力，转移就业，提高收益，焕发就业活力。

2014 年以来，盐池县共发放全民创业担保贷款 6171 笔 43291 万元，开展各类培训班 81 期 3364 人，为经培训取得《职业资格证书》的 2239 名建档立卡贫困人员发放就业创业奖励补贴 442 万元。打造“盐池家政”品牌，共培育家政公司 13 家，培训家政服务人员 450 余人次，通过品牌带动 210 人从事月嫂工作，从业地点包括盐池、银川、前旗、定边等地区。积极开展校企、民办职业机构与企业对接合作，建立维权互通机制，为输出劳务人员提供工作和生活保障。

目前，盐池县累计创建就业扶贫示范基地、农民工等人员返乡创业示范园区、扶贫企业、扶贫车间等 29 个，吸纳就业 687 人次；发展劳务中介组织 26 家，培训劳务经纪人 148 名，吸纳就业 1560 人次。

盐池县城乡劳动力技能培训“妈妈的味道”烹饪培训班

宁夏宁鲁石化有限公司和中民新能宁夏盐池有限公司是盐池县第一批全国就业扶贫基地，青年创业园、金裕海化工、恒纳地毯、长江酒店四家企业进入自治区就业扶贫示范基地行列。认定原野蜂业、春雪荞麦等20家就业扶贫企业，建立向阳花手工艺品等三家就业扶贫车间。确立盐池汽配物流园、世纪商贸广场等五家企业作为盐池县农民工等人员返乡创业示范园区，由此，涌现出如退伍军人陈纪元、高校毕业生杨彦昭等一大批返乡创业致富带头人。

同时，盐池县依托油气化工、建材、新能源等优势工业和滩羊、黄花、小杂粮、牧草等特色产业，带动贫困劳动力实现就地就近就业。

2018年，盐池县实现农村劳动力转移就业4.6万人次，转移经济收入4.8亿元。

## 十、社会保障兜起脱贫“底线”

盐池县为贫困残障人士发放辅助器具，助其康复

75岁的汪荣曾经是20世纪70年代的一名民兵营长，后在花马池镇长流墩村供销社工作，1995年退休后，一直以种植、养殖为生，因常年患眼角膜炎而无法劳作，后来妻子也因慢性膝关节炎常年卧床。2015年，因家庭人均年收入低于3200元，汪荣被确定为该村贫困户。“现在政策好啊，老了有养老金、低保金，病了有医疗保险，养羊有补助，种地也有补助。只要勤快，就有收入。”汪荣没有了后顾之忧。如今，汪荣家里养了40多只滩羊、20多只滩鸡，人均年收入13000元左右，已于2016年底脱贫。

对完全或者部分丧失劳动能力，靠自身条件无法脱贫、难以脱贫的人，只有通过社会保障实施政策性兜底脱贫，才能彻底“兜”起脱贫“底线”。

盐池县农村社会保障制度不断完善，进一步提高了贫困人口发展生产的积极性

近年来，盐池县按照“五个一批”中的“社会保障兜底一批”脱贫目标，开展加强农村低保制度与扶贫开发政策有效衔接，对无法依靠产业扶持和就业帮助脱贫的人口实行政策性兜底，实施农村低保救助、特困人员供养民政政策性兜底保障，健全医疗救助、临时救助体系的工作，为盐池县贫困

人口编织了一张结实的民生保障网。

截至 2017 年年底，盐池县资助参保 16536 人次、发放救助金 117.5 万元，医疗救助 4347 人次，发放救助金 545.9 万元，其中建档立卡贫困户 2236 人次，发放救助金 174.4 万元。

近年来，盐池县通过建立低保标准量化动态调整机制，实现“两线合一”。按照实行农村低保制度兜底脱贫的任务要求，进一步完善农村低保标准和救助水平与经济发展水平、物价水平相适应的调整机制，通过逐步调整低保标准与扶贫标准的差距，稳定提升兜底保障水平。从 2016 年起，盐池县将农村低保标准由 2400 元 / 年提高到 3150 元 / 年，实现农村低保标准线和扶贫线“两线合一”。

截至目前，盐池县共有农村低保对象 6360 户 9859 人，低保覆盖率达到 7.3%，全年共发放农村低保金 4400.4 万元，有效保障了困难群众的基本生活。同时，通过建立健全低保对象动态调整机制、对低保对象实行分类救助、加强低保制度和扶贫政策的衔接和沟通等工作，把通过采取各项帮扶措

盐池县发展舍饲养殖滩羊产业

施依然无法脱贫或特殊原因致贫的困难家庭，及时纳入低保范围，做到应保尽保，不留“尾巴”。

据统计，按照“五个一批”的精准扶贫要求，2017 年年底，盐池县有民政兜底救助对象 5674 人，占贫困人口的 16.7%，发放低保金 1867.1 万元。同时，对于散居供养人员，盐池县全面建立特困供养标准动态调整机制，按照不低于上一年度当地居民人均消费性支出的 60% 合理确定供养标准。截至目前，盐池县共有特困供养人员 450 人，2017 年将散居供养标准由 263 元 / 月提高到 437 元 / 月，集中供养标准由 600 元 / 月提高到 845 元 / 月，有效保障了特困供养对象的基本生活。

盐池县古城新貌全景

03

Chapter

# 脱贫是“干”出来的

当被大家问到“盐池县脱贫到底有啥妙招”时，盐池县委书记滑志敏笑着说：“我们没有妙招，把工作做实做细就是最大的妙招。”

“妙招”就一个字——“干”。要是加上形容词，就是“苦干加实干”。

“全面建成小康社会，一个也不能少；共同富裕路上，一个也不能掉队。”面对党中央如山的庄严承诺，盐池县把脱贫攻坚作为最大的政治任务和第一民生工程来抓，怀着对美好生活的无限向往和憧憬，下足“绣花”功夫，攻克贫困堡垒，朝着决战脱贫攻坚、决胜全面小康的目标砥砺奋进。

盐池县通过精准扶贫，农村面貌焕然一新

# 第一节 凝聚党政干部之力共战贫穷

“社会主义是干出来的。脱贫攻坚是硬仗中的硬仗，必须付出百倍努力。”习近平总书记说。

脱贫攻坚，一头连着党的为民情怀，一头连着百姓脱贫致富的期盼，作为盐池县锤炼干部作风的主战场，脱贫攻坚这场硬仗检验着党员干部弘扬革命老区精神的“力度”、为民情怀的“厚度”、党性自觉的“纯度”。

## 一、惠民利民事，认准了就干

在王乐井乡牛记圈村刘向庄标准化养殖场，一排排棚圈整齐排列，一只只羊儿膘肥体壮，一派欣欣向荣的致富景象跃入眼帘。

“以前养殖场没有周转资金、没有草料房、没有饲料加工机械，一大堆问题老百姓很难解决。吴科副县长在了解到这些情况后，不嫌烦、不嫌脏，在养殖场集中解决这些问题，群众打心眼儿里感激他。”刘向庄自然村村民官占武激动地说出了自己的感受。

盐池县王乐井乡刘向庄村养殖的滩羊

2017年，在盐池县委常委、常务副县长吴科的奔走协调下，刘向庄标准化养殖场贷款210万元，新上加工机械6台（套），维修管理房及消毒房三间，新建饲草大棚六座、草料房六间，硬化了养殖场和园区道路。说起现在养殖场的变化，官占武开心地说：“多亏了吴科副县长。在他的帮助下，养殖场今年存栏羊只达到2300只，光我家就养了400多只滩羊，每只羊纯利润差不多150元钱呢。”

牛记圈村驻村第一书记马学海说：“如今，滩羊产业真正成为我们村脱贫增收的主要产业，刘向庄自然村已成为远近闻名的滩羊养殖示范村。”

谈起初心，吴科副县长平静地说：“只要是惠民利民的事，认准了就干，干就一定要干出实效，让老百姓有实实在在的获得感。”

盐池县推行滩羊饲喂全流程无污染模式

2010年10月19日，陕甘宁盐环定扬黄续建盐池人饮工程主管网试通水仪式在盐池县城西供水点举行

### 故事：找准脱贫路径才有出路

多年打工徐有银，挣少花多生活贫。

可喜脱贫带福荫，回乡务农过光景。

租赁田园五十顷，滩羊百只能经营。

风骏皮卡拖拉机，奔上小康笑盈盈。

这首打油诗，是2016年6月盐池县麻黄山乡平庄村村支书范殿贵为村民徐有银写的。如今，这首诗通过微信在当地广为传播，被平庄文艺社编成了具有本地特色的“道情”，作为麻黄山乡精准扶贫文艺演出队的主打节目，在13个村巡回演出。

其实，早在几年前，徐有银就已经是村里的“新闻人物”了。

盐池县麻黄山乡平庄村脱贫户徐有银

在外面打工20来年，徐有银现在回来了。

“二十几岁撇下老婆孩子到外面闯世界，一年到头都不知道人在哪里，有时候混得连吃饭的钱都没有，都快50岁了还能干个啥?”很多人都等着看这个“烂杆子”的笑话。

“刚刚回来时，穷到连做饭的锅都没有。”徐有银说，乡干部、村干部、第一书记、包村干部，一遍一遍进村入户做工作、讲政策。一次，两次，三次……徐有银终于动心了。

麻黄山乡耕地全部都是“望天田”，年降雨量只有两三百毫米，蒸发量却高达两千多毫米。但这里地广人稀，只要肯干，撂荒的土地多得是，三五年里只要有一年风调雨顺就能有一个好收成。

最让徐有银兴奋的是，盐池县与保险公司合作实施了一系列农业保险政策，种荞麦减产、养羊羊肉价格太低等都有理赔，保险费由政府补贴。

徐有银思谋着，与其苦熬，不如苦干。他把周边撂荒的300多亩土地都流转下来，种上了荞麦、玉米、油菜籽。仅苏丹草就种了80亩，政府一亩补贴60元，秋后，打下的草籽又卖了1.5万元，光这一项徐有银就收入了2.7万元。

买了拖拉机，购置了客货两用汽车，养了100多只羊，儿子还在相邻乡镇盘下了一个汽车修理店，未来的生活充满了希望。

“脱贫攻坚不养懒汉，种杂粮、盖羊圈、盖猪棚、养鸡种地都有补助，干得多收获也多，不干，一分钱也没有。”徐有银深有感触地说，“去年秋收，我凌晨4点多爬起来，晚上10点多才回家，两头不见太阳。但看看收成，这么苦也值了。县上还出台了脱贫奖励政策，我信心很大，越干越有劲。”

盐池县农村大部分家庭都养殖滩羊

盐池县农村旱地大面积种植的荞麦

“烂杆子回头金不换”的故事成了精神脱贫带动物质脱贫的典型，徐有银只是依靠勤劳双手创造幸福生活的盐池县乡亲们中的一个。

盐池县地处陕、甘、宁、内蒙古四省区七县（市、区、旗）交界地带，这里农耕、游牧文化交融，既有秦汉时期的长城墩堠，又有近代革命的历史遗迹，是革命老区，也是老少边穷地区，过去很长时间里，这里都带着“贫困”的标签，有贫困村 74 个，2017 年年底动态调整后建档立卡贫困人口 11203 户 32998 人。

曾经，这里“种地没亩数、走路没里数、吃饭没顿数”，一度有 75% 的农民群众生活在国定贫困标准线以下；曾经，这里十年九旱，沙尘漫天，“农田挤草原，风沙吃农田”；曾经，生活在此的老百姓，望天望地，以为望不见摆脱贫困的指望。

如今，这里建立了以滩羊为主导，黄花、牧草、小杂粮、中药材为辅助，适合家庭经营小品种为补充的“1+4+X”特色产业体系。“中国滩羊之

盐池县风能发电、石油开采资源丰富

乡”“中国甘草之乡”“中国荞麦之乡”，每张“名片”都给老百姓带来了实实在在的“好日子”。

如今，这里被评为全国防沙治沙先进集体、全国林业科技示范县、全国绿化先进县，累计实施了大水坑特色小镇和惠安堡、高沙窝、麻黄山、青山、王乐井5个美丽小城镇建设，新建、改造德胜墩、宋堡子等美丽村庄67个。

如今，这里的老百姓“终于能和穷日子说再见了”。花马池镇田记掌村60岁的村民袁凤花感慨地说：“苦日子是水，甜日子是蜜。”

2015年，习近平总书记高度赞赏这里的扶贫经验，并指出：推动陕甘宁革命老区发展，必须结合自然条件和资源分布，科学谋划、合理规划。

找准脱贫路径，实现了家家有产业；改造危窑危房，实现了户户有其屋；社保医保兜底，实现了人人有保障；完善公共服务设施，实现了村村有变化。2017年，盐池县在宁夏九个贫困县区中第一个实现脱贫摘帽。

盐池县惠安堡镇大坝村黄花种植基地

## 二、做经得起群众检验的好干部

2018年11月12日上午，盐池县惠安堡镇党委书记陈有强参加完盐池县脱贫攻坚推进会之后，立即驱车来到大坝村和狼布掌村，查看两个村的秸秆禁烧和农田水利建设情况。

2016年，在推进黄花产业种植过程中，大坝村刘石嘴组和大坝一组的群众内心有抵触情绪。陈有强利用周末、晚上，深入农户家里做思想工作，许多群众逐渐认可，开始尝试种植黄花。这两年，大坝一组和刘石嘴组共种植黄花1900亩，今年亩均纯收入达到3500元，群众高兴地说："今年的黄花价格好，收入比以前增加了。"

过去，节水灌溉项目也不受当地群众欢迎，陈有强将镇村干部分成若干小组，挨家挨户做村民们的思想工作，讲政策、讲形势、算效益。两年来，惠安堡镇节水灌溉项目在各村全面推开。目前，惠安堡镇节水灌溉面积达3万多亩。

盐池县大力发展黄花产业

萌城村新建队农民赵生龙年届六十，没有搬迁以前居住在一孔破旧的窑洞内。陈有强知道情况后，到赵生龙家中做思想工作，前前后后跑了不下10趟，最终说服赵生龙同意搬迁到移民区，使其居住条件得到极大改善。

为了有效增加移民群众收入，陈有强积极争取庭院经济项目，为搬迁农户户均建设大棚120平方米、集雨场100平方米和集水窖一眼。2018年，赵生龙计划在大棚内种植芦笋，预计来年一座大棚收入可达3000元。赵生龙不识字，他在自己的建档立卡帮扶手册里认真地画了一枚党徽，他逢人便说：“陈有强是咱惠安堡镇的好书记。”

“脱贫是底线，富民是关键。敢于攻坚克难，勇于担当负责，才是一名经得起群众检验的好干部。”陈有强说。

雄关漫道真如铁，而今迈步从头越。面对薄弱的基础条件和祖祖辈辈挥之不去的贫困，盐池各级领导干部奋发图强，决意扭转命运，以义不容辞的责任、带民致富的决心、决战决胜的姿态，深入实施扶贫攻坚战略，硬生生开拓出一条条符合自身实际的脱贫富民新路。可以说，正是有了大家心往一

盐池县机关单位帮扶干部进村入户宣传扶贫政策

处想、劲往一处使的各级领导班子，正是有了一级抓一级、层层抓落实的脱贫攻坚工作格局，正是继承了老区的革命精神，才保证了盐池县今天脱贫摘帽的高质量。

打赢脱贫攻坚战，关键是要发挥好基层干部的作用，要让干部人人身上有责任、个个肩上有担子，形成人人重视扶贫、人人关心扶贫的工作氛围。盐池县坚持人员不撤、包抓不变，31 名县领导以上率下，每月至少两次深入乡村一线，督促指导脱贫富民工作；3100 名干部每月至少两个工作日深入帮扶户，共商富民计划、落实富民政策、解决实际困难。坚持帮扶工作考核与干部绩效考核相结合，出台了《盐池县脱贫富民领导（干部）工作职责》《盐池县脱贫富民督查工作办法》，逐步完善了脱贫富民逐级监督检查机制，采取定期不定期督查暗访抽查等方式，开展多轮专项巡回督查，以严格督查倒逼责任落实。

## 三、"百姓缺啥咱弄啥"

2017 年 11 月 3 日上午，在盐池县王乐井乡政府会议室，党的十九大代表、宁夏盐池县王乐井乡曾记畔村党支部书记朱玉国正在为乡村干部宣讲党的十九大精神。朱玉国向大家宣讲十九大精神，不是对着报告"念本本"，而是将报告内容同自己的亲身经历和切身体会结合起来，有的放矢，通俗易懂，十分引人入胜。

"朱支书讲得很实在，我是一百个赞成！"从 20 公里外赶来的双疙瘩村村主任宁金成听完宣讲后感慨地说，现在农村在婚丧嫁娶方面确实存在着高额彩礼和铺张浪费的现象，按照当地习俗，嫁女儿要向男方收彩礼，至少八万元，这对于普通农民家庭来说确实是不小的经济负担。有的家庭为了娶媳妇欠了一屁股债，三五年都还不上，有的甚至因此致贫。"提倡移风易俗，不仅可以卸掉村民的经济负担，也减轻了精神压力，深得民心。"从文书到团支书，从宣传干事到支书……22 年来，朱玉国几乎干遍了村委会的每份工作。

党的十九大代表、自治区党委委员、曾记畔村党支部书记朱玉国为贫困户发放互助资金贷款

盐池县王乐井乡曾记畔村党支部书记朱玉国带领村民奔小康

曾记畔村是盐池县一个偏远山村，祖祖辈辈靠天吃饭。曾经，这个只有2000多人的村子里，大部分村民穷得叮当响，贫困就像大石，压得村民喘不过气来，不少村民面对“一方水土养活不了一方人”的现状，背井离乡，异地谋生。

但作为村支书的朱玉国却守在村里，立志改变贫困面貌。2006年10月，曾记畔村被国务院扶贫办确定为全国首批村级互助资金试点村。“这是一次重要机遇。”朱玉国说，在曾记畔村，不少村民的祖上曾经做过生意，很多人骨子里仍保留着勤劳致富的传统理念。

国家拨付给曾记畔村20万元扶贫互助启动资金，朱玉国多次召集村委会听取各方意见，商量如何用好互助资金。此前，扶贫资金的使用基本以“输血”为主。习惯了“白给”的村民听说用这个钱后还要还，一时无法接受。他们说：“过去给了就不往回要了，这个不仅要还，还要入股、收利息。”

朱玉国意识到，扶贫先扶志。脱贫首先要解决的是动力问题，要从根子上，让贫困群众从以前“站墙根、晒太阳，等救济睡着吃”变为“靠双手干着吃”。朱玉国大胆尝试，在村里掀起“头脑风暴”，大力倡导勤劳致富，不断健全村里的各项规章制度，调动老党员、村干部、大学生村官的工作激情，发挥他们的带头作用。

经过多轮商议，村委会和全体村民定下规矩：从互助基金借款，要入股互助社，按4∶6的比例发放借款，借款实行五户联保，党员和贫困户“一帮一”。

金融是血液，产业是躯体。已有数百年养殖历史、因肉质鲜美名扬天下的盐池滩羊开始发展为曾记畔村的支柱产业。一些村民依靠一两千元的互助资金借款起步，滚动发展，通过养殖、种植，挖得了人生“第一桶金”。

村民王昶、鲁永胜家里太穷，没有人愿意联保。朱玉国就带着他们到信用社担保贷款，帮助他们制订脱贫计划。“信用社主任都替我担心，说风险

盐池县王乐井乡曾记畔通村公路建成通车，方便了群众出行

太大。”朱玉国说：“不怕没钱使，单怕没信用。”当年年底，他们均按约定时间还清了贷款，第二年，信用社又给他们发放了贷款。

“信用可以当钱使。”在朱玉国的带动下，村民们都把信用当命根子，不少以前的贫困户，现在也给别人提供信用担保贷款。10多年中，全村人的贷款总额已从每年的400多万元上升到5300多万元，农户都能把所借款用于发展项目上，至今没有一人违约。

朱玉国利用扶贫小额信贷政策，将互助资金和“千村信贷”捆绑，把“双到资金”注入互助社，撬动了数倍的发展资金，并采取“支部+产融保+党员”“一帮一”的模式，扩大贷款额度。有了更加充足的资金，村民们增收致富的积极性空前高涨。曾记畔村的互助资金发展到800万元，朱玉国也通过互助资金实现了向全村村民描绘的教育、医疗、养老保障的“三个梦想”。

2016年，曾记畔村党支部荣获“全国先进基层党组织”称号，村支书朱玉国也摘得了“全国脱贫攻坚奋进奖”。2017年，朱玉国当选为党的十九大代表。参加十九大回来之后，朱玉国陆陆续续宣讲十九大精神60多场次。

他从没忘记自己作为山村“当家人”的本分，始终想着如何防止贫困户返贫、提高脱贫质量。

全区“精准扶贫、廉洁为民”警示教育基层行演讲在盐池县举办

工作时的朱玉国，像台停不下来的机器，似乎从来不知疲倦。家里的事几乎全落在妻儿身上。“自家的地种得少了，羊也养得少了，家里的农活顾不上干，连播种机也停了，你还算不算咱家人？”他的妻子对此又气又无奈。“谁让我是支部书记！”朱玉国笑道。

盐池县青山乡旺四滩村干部晚上深入农户家中，讲解政策、落实扶贫措施

## 第二节 驻村第一书记：捧着一颗心来，不带半根草去

有这样一群人，他们，来自机关部门，却只身回到农村；他们，被农民兄弟亲切地称为“村里的带头人”“致富的领路人”“群众的贴心人”；他们，共有一份责任担当——到农村去，用热血和智慧躬身耕耘在希望的田野上；他们，共有一个充满时代感、饱含正能量的响亮称谓——“第一书记”。

盐池县王乐井乡刘四渠驻村第一书记潘琦印（右一）走访农户

### 故事一：脚板沾满泥土的第一书记

2017 年 12 月 11 日傍晚，夕阳的余晖引来了沉沉的暮霭。自治区政府办公厅（信访局）派驻盐池县曾记畔村第一书记禹洪亮来到小阳沟自然村村

民李全家。自今年 1 月驻村开展工作以来，禹洪亮来过李全家十多趟，但开车来还是第一次。

“老李！老李！”车停稳后，禹洪亮喊了两嗓子，不见老李的面。“老李可能喂羊去了，我们到羊圈看看。”他带着记者绕过老李的新房来到了羊圈。果然老李端着簸箕正在给羊添料。

曾记畔村第一书记禹洪亮（右一）与农民亲切交谈

“老禹来啦！走、走、走，咱屋里说。”李全热情地招呼，仿佛见到了亲戚似的。

一个星期前，李全搬入了新房，崭新的铝合金门窗、光洁如镜的地砖，客厅、厨房、卫生间一应俱全，和城市里楼房的结构布局一样。

“晌午的时候，坐到炕头上还冒汗呢。”子女不在身边，老李和老伴住的这间卧室里有一个小炕，朝阳面的窗户采光好，此刻虽然没有阳光照射，但是从老李的话语间感受到了冬日暖阳照在炕头的温暖。

新房西侧是一排面朝东的土坯房，木门已经腐朽，墙面泥坯也已掉落，仿佛一位历经沧桑的老人。

“这房子有 37 年了，也还能住。如果不是禹书记今年三番五次地上门给我做工

盐池县老百姓乔迁新居笑得合不拢嘴

作，我还不想盖新房子呢。”老李说的是实话，在农村突然要让谁家拿出一两万块钱，真是难！

作为驻村第一书记，禹洪亮认真分析了曾记畔村的实际：曾记畔村按现有标准衡量，存在不安全住房约150套，经驻村工作队逐户走访，有危房改造意愿的群众约100户。王乐井乡政府统筹考虑，下达给曾记畔村危房改造任务116户。但到6月底，实施危房改造的群众仅有78户，佟记山、小阳沟两个自然村无一户群众参与危房改造。

危房改造是一项惠民工程，为什么村民没有积极性呢？禹洪亮首先找出问题的症结：村里常住户以老年人居多，而且经济条件有限，没钱盖房是个客观情况，那么主观上有没有原因呢？突破口在哪里？经过了解，禹洪亮发现住户李全虽然年岁大，但是李家家风好，特别重视子女教育，他的孙子在华东理工大学上学。于是他把李全作为工作重点。

“精诚所至，金石为开。”七趟跑下来，李全终于被禹洪亮的热情和诚意打动，用李全的话说就是：“再不实施危房改造，既拖了全村脱贫验收的后腿，也辜负了禹书记的一片苦心。”

回顾一年的工作，禹洪亮感慨万千，“不知不觉中，曾记畔村的沟沟岔岔和乡间小道上都留下了我的脚印。村道建设的工地、群众危房改建的现场……忙忙碌碌中，这一年即将过去。春去秋来，走在新修的村级柏油路上，看着伴随星星点亮的路灯，暮色中群众所建新房中透出来的灯光，我和一起并肩奋战的小伙伴们忽然有点小小的兴奋。未来任重道远，脱贫攻坚我们在路上！”

盐池县麻黄山乡麻黄山村第一书记路修堂，被群众称为“摩托书记”

### 故事二：“小书记”的扶贫“心路”

在“鸡鸣三省”的麻黄山乡，已经有了浓浓的年味。冬日的天黑得早，当村民把炕桌摆上暖炕，“小路”却婉言谢绝了留他吃晚饭的好意，骑着摩托车赶向下一户，他还想多跑几户人家，动员他们开春多养一些滩羊。

“小路”叫路修堂，是自治区住建厅城市管理综合执法监督局政策法规科科长，2017 年 1 月起担任盐池县麻黄山乡麻黄山村第一书记。“小路”已经四十多岁，已经不能算“小”了，但村里有不少留守老人仍然亲切地喊他“小路”。

“必须首先得确保住房安全！”路修堂说。麻黄山村沟壑纵横，村民居住得非常分散，往往一个山头只住着几户人家。

为方便入户，路修堂和扶贫工作队队员李学峰一起凑了 1000 元买了一

盐池县麻黄山乡维修加固后的窑洞

辆二手摩托车。路修堂骑着这辆摩托车奔波于山间小路，挨家挨户宣讲补助政策，动员村民建新房或加固窑洞。山路难行，有次摔倒，摩托车的大灯还被摔坏了。但比山路还难走的，是人的“心路”。村民惠兴虎前些年因遭逢变故，和父母都住在危窑里，路修堂骑着摩托车先后60多次到他家里苦口婆心地做工作，但惠兴虎及其父母都不为所动。

不少人都劝路修堂放弃，他却说：“只要我们村有一户群众没有住上安全房，就是我们的失职。”他了解到惠兴虎有一个哥哥在甘肃庆阳工作，就把他哥哥请回来一起做工作，还主动联系技术好、费用最低的工程队，终于打动了惠兴虎。2017年，他和父母分别建起了新房、箍起了新窑。这两年，麻黄山村危窑加固改造56户137孔，自建房屋20户，为兜底户建房4户，21户群众纳入小城镇规划建设。

盐池县乡村干部、第一书记深入基层调研扶贫工作

每天骑着摩托车东奔西走的“小路”被村民称为“摩托书记”。他说：“这辆摩托车缩短了我和村里人的心理距离。”2017年冬天，路修堂看到身患腿疾多年的张凤华老人蹒跚七公里多山路来赶集，就主动提出下午骑摩托车送老人回家。“小路”在村部开完会已是下午四点钟，心里惦记着老人还在街上，没顾上穿大衣就迎着寒风将张凤华送回家。回到村部时，他的手脚已冻得没了知觉。

山路越长，“心路”就越短。三千公里、五千公里、一万公里……至今，“小路”骑着那辆二手摩托车，在这个小山村已跑了近两万公里，相当于在北京和银川之间往返六七趟。

和禹洪亮、路修堂一样，在盐池的乡间大地上，活跃着很多第一书记，他们真住、真心、真帮，给帮扶贫困村带来了崭新气象和勃勃生机。

盐池县共有驻村干部 212 人，其中第一书记 74 人，实现了贫困村驻村工作队和第一书记全覆盖。驻村干部已成为精准脱贫不可或缺的中坚力量，在推动农村脱贫富民中发挥着主导作用，是打赢脱贫攻坚战的生力军，更是贫困群众脱贫的催化剂和助推器。盐池县持续加强驻村第一书记和工作队队员管理服务工作，严格落实驻村工作队工作经费不少于 1 万元、保额不低于 30 万元的人身意外伤害保险、每人每天 100 元伙食补助及每人每月不超过 400 元往返交通补助的生活待遇保障和乡镇工作补贴，真正做到了组织上关心、生活上照顾。

盐池县包扶干部进村入户精准帮扶

# 第三节 闽宁协作“扶真贫真脱贫”

1996年9月，党中央、国务院作出了包括四个单列市在内的东部13个省市结对帮扶西部10个省区的战略部署，其中，福建对口帮扶宁夏。当年11月，福建成立对口帮扶宁夏领导小组，时任福建省委副书记的习近平担任组长。习近平同志明确表示，闽宁对口扶贫协作是一项政治任务，要坚决完成。

闽宁对口帮扶援建的盐池县王乐井乡刘四渠示范村蔬菜大拱棚种植

## 一、优势互补、互惠互利的“闽宁模式”

闽宁协作跨越2000公里，持续至第23年。昔日对口扶贫的种子早已长成参天大树，硕果累累，成为脱贫攻坚“扶真贫真脱贫”的样本。

福州市挂职盐池县副县长张学勇到扶持农户家调研菌草项目生产情况

无数宁夏群众从闽宁协作中受益，改变命运，从此过上了幸福的新生活，盐池人民对此深有感触。

盐池县花马池镇惠泽村村道干净整洁，太阳能路灯排列有序，广场上几位村民正在各种健身器材上锻炼身体，脸上洋溢着快乐的笑容。这个昔日贫困村的转变，其中的重要因素之一便是来自闽宁对口协作资金。盐池县花马池镇惠泽村党支部书记吴刚说：“我们村利用闽宁资金盖羊棚、买基础母羊，扶持产业发展。村里一户一个羊棚，几年下来，全村养了 15000 只滩羊，种植苗木 1050 亩，有 300 多栋蔬菜温棚，人均年收入达到 5600 元。”惠泽村已成为盐池县第一批脱贫销号村之一。

自 1996 年两省区开展闽宁对口扶贫协作以来，历届挂职干部扎实工作，合作力度不断加大，合作领域不断拓宽，形成了政府、企业、社会共同参与、相互促进的帮扶机制，取得了显著成效。截至 2018 年，盐池县共接受对口协作援助资金 10087.74 万元，其中闽宁扶贫协作发展基金 4822.6 万元，福州市、福清市、泉州市对口协作援助 1632.84 万元，鼓楼区、连江县、马尾区、晋安区、洛江区对口协作援助 4875 万元，社会捐资、捐物折款 1612.3 万元。这些资金全部用于改善城乡困难群众生产生活条件和公共事业建设。

闽宁对口帮扶项目——生态乌骨鸡林下养殖

2014 年，盐池县通过闽宁协作项目，将帮扶援助资金和整村推进美丽乡村建设项目整合，把花马池镇盈德村 126 户危房统一改造成砖瓦房，水泥村道、民风墙、活动室等一批新设施也投入了使用。2002 年，从固原移民到盈德村的赵思林告别了只有 36 平方米的土坯房，搬进了约 100 平方米宽敞明亮的新房子。“住起来又宽敞又安全，感到心情舒畅，这多亏福建人民的支持，给我们全村盖了 120 栋房子。”赵思林说。第九批闽宁对口盐池县工作组，投入闽宁对口帮扶资金200万元，整合其他扶贫资金170万元，重点对枣树区进行围栏六公里、嫁接改良枣树1601亩5.8万余株和节水滴灌改造1067公里，同时鼓励村民发展林下滩鸡养殖项目，拓宽了贫困群众增收渠道。

盐池县花马池镇盈德村闽宁对口帮扶黄花种植基地

2018年，盐池县投入资金150万元，在花马池镇四墩子曹泥洼闽宁示范村，完成了建设地点的230亩场地平整，建设2000吨冷藏库1座，标准化新型大拱棚2座并配备卷帘机及棉被等设施。队长马建伟看着一个个长势喜人的蔬菜，兴奋地说：“我们曹泥洼贫困户种植的是新鲜蔬菜，收获的是沉甸甸的闽宁情怀。”村民马宗的第一茬大棚种植就收获了一万余元。“往年我家农业没有收入，无法办年货。今年种植大棚有了收入，春节置办年货时，我想买啥就买啥。”马宗说。

2008 年，盐池县开始实施生态移民工程，各届工作组主动参与移民新村建设，尤其是在南苑新村生态移民工程建设中，连江工作组投入帮扶资金 200 余万元，先后参与移民新村幼儿园、卫生室、文化活动广场、路灯及南苑新村生态移民创业园等建设。目前，来自麻黄山、冯记沟、萌城等偏远地区的农户已乔迁新居，过上了幸福的生活。

帮扶 18 个中小学及幼儿园的改造和设备更新，选派福建来盐支教教师九批 66 人（次），帮助盐池县培训校长和教师 34 人（次）。针对不少贫困家庭学生因交不起学费而辍学这一情况，先后开展了阳光助学、金秋助学等活动，救助贫困中小学生 3534 名、资助 671 名贫困学子圆了大学梦。

一个个鲜活的事例，记录了闽宁协作 20 年的成果，也印证了“闽宁模式”的生命力。

盐池县“希望工程·圆梦行动”闽宁协作助学金发放现场

闽宁对口挂职干部林家枢，不但积极为帮扶项目奔走牵线，还带着妻子和孩子一起去看望对口帮扶青山乡面临失学的女孩侯晓梅一家。完成挂职任务离开盐池县时，林家枢又将自己的3000元工资交给办公室工作人员，嘱托他们将这笔钱交到侯晓梅手里，鼓励她一定要坚持学习、完成学业。回闽工作几年了，遥远的盐池依然有他的牵挂。“是林叔叔当年资助我上的学，明年我就要高考了，我一定要考上大学，报答林叔叔。”侯晓梅说。

盐池县花马池镇惠泽新村全貌

闵宁协作20多年来，挂职干部踏遍边远山区的旱塬峁梁，走访治沙劳模和贫困村干部，慰问贫困老党员，足迹遍及全县各个乡镇、村组。用青山乡尖山湾村村民侯树川的话来说：“在我们最困难、最需要帮助的时候，总能看到福建挂职干部的身影。”

盐池县深化闽宁协作帮扶，持续加强闽宁对口扶贫协作交流合作，2018

年与洛江区互访八批 51 人次，其中双方党政主要负责人互访四次。落实帮扶资金 2855 万元，持续加大结对帮扶力度，实施了闽宁示范村等项目 20 个，受益贫困群众达 4950 人次。

## 二、汇聚脱贫富民强大合力

走进盐池县麻黄山乡何新庄村何家大院休闲驿站，15 孔漂亮的窑洞一字排开，院内设有农具展示区和辘轳井、磨坊、菜园、文化长廊、电商体验区等，供游客观赏体验。

麻黄山乡地处陕甘宁三省（区）交界，近年来利用地理优势以及红色旅游、乡村旅游、生态旅游资源，集中力量打造乡村全域旅游。2017 年，中航油投资 120 万元建设的何家大院休闲驿站，逐步成为乡村旅游的亮丽景点，日均接待游客 300 人次，大幅增加了村民收入。

“何家大院建起来以后，带动周边农民发家致富。农民得到了很多收益，像土鸡蛋、滩羊很畅销，尤其是夏天，我们这儿的大接杏熟了以后，外地的游客被吸引了过来，我们的农产品全都销售了出去，农家乐也带动了好几家。特别是何新庄农家乐建起来以后，好多农民都在这儿打工，大大增加了他们的收入。”何新庄村村民何仲连说。“到目前为止，何家大院建成之后带动就业 50 人左右，通过特色旅游、销售农特产品，带动就业人口全年增收 15000 元左右。”该乡武装部部长屈昊说。

聚焦精准帮扶、助力通航发展、全力支持乡村基础设施改善、爱心助学……中航油因地制宜，倾心帮扶，有计划、多层次地深化精准扶贫工作。

坐落在黄土高原上的盐池县麻黄山乡何新庄村何家大院旅游点，吸引众多游客游览体验

盐池县麻黄山乡何家大院景点

盐池县乡村老年饭桌

中国航空油料集团公司定点帮扶盐池县，近三年为乡镇卫生院捐赠了六辆救护车

在帮扶的五年间，中航油不仅改善了惠泽村村民的居住环境，修建、亮化道路，还投资 50 万元建起了养牛场，两年来卖出了 100 多头肉牛，利润达 30 万元，利润的 30% 用于村集体滚动发展资金，40% 为股民分红，30% 用于建档立卡贫困户、孤寡老人、大病特病、困难学生救助等公益事业。

盐池县“中国航油爱心图书”阅览室

盐池县制定出台了《盐池县深入开展“百企帮百村”富民行动实施方案（2018—2020 年）》，通过结对签约、村企共建等形式，引导县内 78 家企业与全县 102 个行政村实现精准对接。截至目前，中石油长庆油田第五采油厂等 30 家企业通过外包运输、土地租赁等形式，促进 30 个结对村累计增收 1582 万元。

# 第四节 “金融活水”浸润脱贫富民路

在盐池县的脱贫实践进程中，“金融扶贫”备受关注，创造了金融扶贫“盐池模式”，受到国务院办公厅的督查表扬并在全国推广。全国金融扶贫培训班曾连续两年在盐池召开。

62 岁的赵红兵是花马池镇田记掌村村民，2012 年，他的妻子陈秀珍被查出宫颈癌，一家人变卖家产四处举债就医，虽然妻子病情好转，但高昂的医药费也让这个并不富裕的农村家庭陷入贫困。2017 年盐池县突破金融贷款年龄限制，对 60 岁到 70 岁有发展能力的贫困户进行二次授信。2017 年赵红兵借助政府资金贷款 3 万元，养了二十几只滩羊，搞起了养殖。如今，

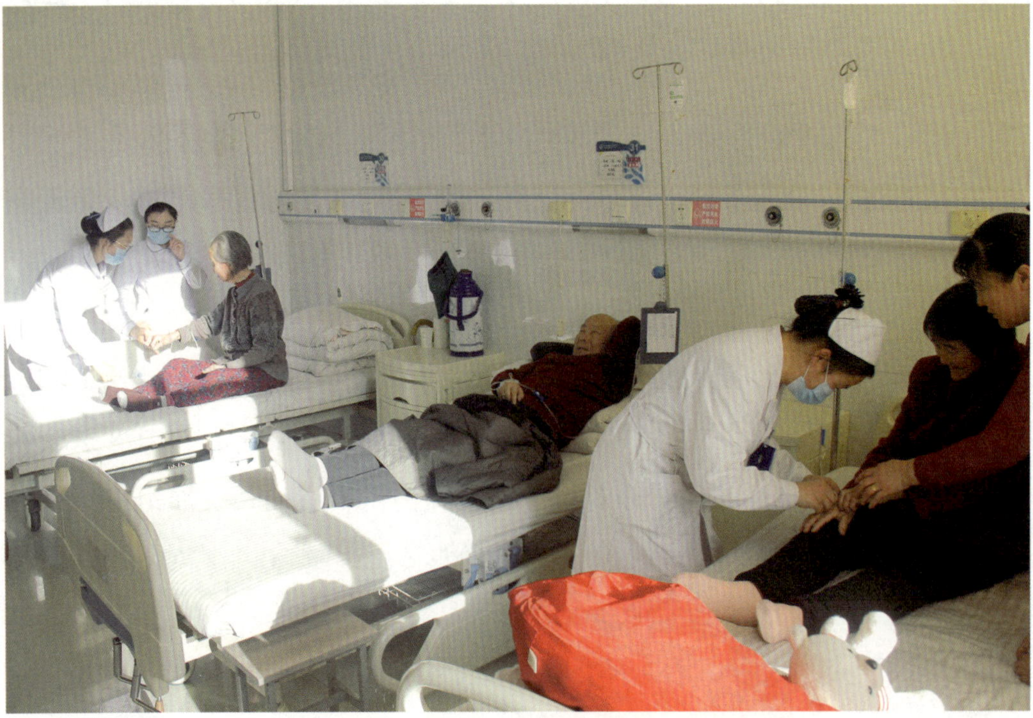

盐池县花马池镇卫生院设立建档立卡贫困户病房

老赵的羊圈里已经有四五十只羊了，收入逐年增加。针对建档立卡贫困户的健康扶贫政策，也给赵家减轻了医疗负担，妻子陈秀珍的身体越发健朗，家里家外被她打理得井井有条。

家住盐池县青山乡古峰庄村的村民罗刚，在农行顺利办结了 30 万元的贷款手续。“现在，盐池县哪个滩羊养殖户的信用不值几十万元？”罗刚以自己的故事佐证。2009 年以来，通过两轮三户联保，罗刚先后共贷款 34 万元，圈里的滩羊从 200 多只增加到 1200 只，六年赚了几十万元。2014 年 11 月 24 日是罗刚等三户联保第二轮贷款还贷的最后期限，与罗刚联保的汪某遇到困难，暂时还不了贷款。11 月 22 日，罗刚出手相助，替汪某垫还了贷款。鉴于罗刚的诚信行为，盐池农行决定将罗刚的信用额度由 5 万元提升到 30 万元。“30 万元能买 400 只羊，一年出栏三茬，能赚六七万元。”罗刚高兴地说。

盐池县金融机构在农民家中发放扶贫小额贷款

盐池群众尝到了金融扶贫的甜头，把诚信看得比金子还贵。2017 年，盐池县用于滩羊养殖的扶贫贷款 25.4 亿元，在 2.4 万贷款农户中，无一户出现违约逾期还款。

把金融扶贫作为脱贫攻坚主要抓手，盐池县按照自治区《关于进一步加强银行业金融机构助推脱贫攻坚的实施意见》，出台了《盐池县金融扶贫实施方案》，采取诚信支撑、产融结合、风险防控、保险跟进、改革创新“五大举措”，破解了贫困户贷款难、贷款贵等难题，走出了一条“依托金融创新推动产业发展、依靠产业发展带动贫困群众增收”的富民之路。

2016 年 7 月，盐池县金融机构在农户家中现场办理扶贫小额信贷

盐池县农民在出售自己养殖的滩羊

“金融活水”润农户，扶贫拓开幸福路。盐池县用心血和汗水将“金融扶贫”这篇大文章做好做精，不仅为全县贫困群众送去了“及时雨”，更为他们托起了脱贫致富奔小康的希望。

## 第五节 “扶贫保”撑起脱贫保护伞

“扶贫保”让众多建档立卡贫困户吃上了“定心丸”。

在高沙窝乡二步坑村兴武营村（队），映入眼帘的是碧空下一排排整齐的复古样式的院落。建档立卡贫困户霍礼军的家就在这里。霍礼军家的院落整齐干净，用木材砌成的咖啡色栅栏，与相邻的明长城遗址浑然一体，靠边的一间房门上挂着“商店”字样的门头。

“这院子里的新房子是2012年盖的，因为我肢体二级残疾，我家是村里的低保户，盖房子是政府鼓励盖的，还补贴了15500元。这些年党的扶贫政

2015年8月13日，盐池县惠安堡镇杏树梁村贫困户孙旭接受30000元小额保险理赔金

策真是太好了！”

霍礼军1996年因患风湿性强直脊柱炎，终致两边股骨头坏死。经过多次手术，虽然生活渐渐能够自理，但却丧失了劳动力。高昂的医疗费用，让原本贫困的家庭雪上加霜，一双未成年儿女的教育、年迈老母亲的赡养等生活所有的重担都落在了妻子身上。霍礼军的妻子依靠养羊，承担起了家庭重任。2017年7月31日，他家的羊只由于感染了羊肠毒血症，20只羊死亡，家庭收入来源几乎被掐断。

“我至今都无法忘记霍礼军那绝望无助的眼神，那种天塌下来的神情。”人保财险的工作人员说。好在霍礼军2016年在盐池人保财险公司投保了羊只养殖保险。保险公司仅用三天时间就完成查勘结案，霍礼军获得了9720元赔款。

盐池县为缓解病人看病吃药难问题，特邀医院专家进行免费义诊、发放药品

冯记沟乡58岁的建档立卡贫困户杜强，饲养滩羊70只，家庭收入以养羊为主。2016年他在盐池人保财险公司投保羊只养殖保险20只，滩羊肉价格指数保险30只。2016年6月9日，突如其来的暴雨致使他家饲养的10只基础母羊死亡。经保险公司现场查勘，他获得保险赔款5400元。“这份保险买到了贫困群众的心坎上。”杜强感慨地说。

盐池县扶贫干部在农户家里了解“扶贫保”理赔金办理情况

盐池县花马池镇盈德村黄花种植基地

盐池县按照“保本、微利”原则，采取“政府 + 商业保险”方式，建立了“2+X”菜单式“扶贫保”模式，实行低保费、高保额的特惠政策，解决了贫困群众的后顾之忧。设立 1000 万元“扶贫保”风险补偿金，建立盈亏互补机制，为群众发展产业保驾护航。截至目前，已赔付各类保险金额 4008 万元。

## 第六节　屋顶上的“金太阳”

在盐池县高沙窝镇中民投光伏新能源示范基地，依地势起伏而联结成片的电池板，在阳光的映照下，发出柔美的蓝色光芒，宛如一片“陆地海洋”。这个占地 6.9 万亩的光伏产业基地，当地村民叫它“铁杆庄稼”。

盐池县高沙窝镇中民投光伏新能源示范基地

盐池县的光伏扶贫独具特色，这种全新的扶贫模式具有一定的探索意义。在长流墩村贫困户李寿海家，他的妻子一提起自己患了10年的肝病，就抹眼泪。尽管如此，李寿海却没有悲观：妻子的病已经纳入了大病医疗保险，靠“圆梦行动”就读职业技术学院的儿子明年就能毕业，今年上高三的女儿以后上学还有政府的“教育扶贫”措施作为保障。“这些解决了家里的大负担，以后我在‘光伏’那里打份工，家里还能养十多只羊，两头不误。”李寿海对那片“铁杆庄稼”充满了期待。

盐池县高沙窝镇长流墩村是盐池县2016年销号的30个贫困村之一，全村有50户建档立卡贫困户，共122人，其中有22户40人为政策兜底户。在长流墩村，占地150亩的全县首个光伏扶贫村级电站已初具雏形。

“村级电站建成后，村里每年都能有20万元扶贫电费收入，连续享有

盐池县为农村贫困户安装屋顶光伏电站

盐池县各级干部进村入户，精准识别建档立卡贫困户

20 年使用权，这就解决了‘空壳村’的问题。”当光伏基地还在建设中时，长流墩村党支部书记赵红林在施工现场说，“村电站和旁边的示范基地，能把村上的劳动力都吸纳进去。今后，村民可以去做刷板、维护、种草，不愁没有稳定的收入。”

充分利用当地独特的自然条件，通过采取集中扶持、合作经营等方式，盐池县大力发展“光伏 +”扶贫模式。2018 年，已完成 74 个贫困村村级光伏电站建设，每年可为村集体增收 22 万元，可持续 20 年。完成分布式光伏 2554 户，为符合条件的 724 户建档立卡兜底户安装屋顶光伏发电设备，每年每户收益 3000 元以上。

04

Chapter

# 率先脱贫带给脱贫攻坚战的启示

脱贫攻坚是习近平总书记和党中央近年最牵挂的工作之一，是总书记情之所牵、心之所系。

2018 年 9 月 29 日，自治区人民政府正式批复盐池县脱贫退出的请示，并发布《关于盐池县退出贫困县的公告》，同意盐池县退出贫困县序列。

2018 年全国脱贫攻坚奖表彰大会在北京召开，盐池县荣获“组织创新奖”

盐池县打赢了扶贫攻坚这场硬仗。这一历史时刻值得每一位在这场脱贫攻坚战中付出艰辛努力的干部群众终生铭记。

盐池县之所以能够成功脱贫，最重要的经验是盐池县各级干部群众增强

“四个意识”，坚定“四个自信”，做到“两个维护”，在脱贫攻坚工作中坚决贯彻落实习近平总书记和党中央的决策部署。因地制宜，科学施策，用好党和政府的各项扶贫政策，做好做细做实扶贫攻坚各项工作。

“立下愚公志，打好攻坚战。”在扶贫攻坚实践中，盐池县干部和群众众志成城，坚持“精准扶贫”，走出了一条适合当地群众脱贫致富的发展道路，为在 2020 年实现全面小康贡献了智慧和力量。

总结扶贫实践中的经验和教训，对盐池县未来的事业发展、对其他还走在脱贫路上的兄弟县将会有所启示。

## 第一节　强化党建引领脱贫富民工作

抓好党建带动地方经济发展，是盐池县脱贫致富的重要抓手。

现在的盐池县惠安堡镇大坝村，一排排房屋院落整齐划一，一条条宽阔的道路干净整洁，一幅幅装点墙画生动漂亮。然而就在十几年前，大坝村还是典型的“空心村”，村庄面貌贫穷落后。从一个大山深处搬迁来的贫困村庄发展成人人羡慕的黄花产业富裕村，这与镇村干部“凝神聚气壮产业，党群一心强帮扶”的务实作风紧密相连。

在发展黄花产业之前，大坝村里只有零星的几户黄花种植户，产业无序发展，形不成气候，村民挣不到钱。

大坝村党支部书记刘旭说：“在调查研究后选中种植黄花作为脱贫致富的主导产业，我们坚持走党群共富联合体发展的脱贫富民路子，采取‘2带，1+10’帮带模式，即由村干部带头、种植大户带动，一名党员帮带 10户贫困户的模式，成立合作社、建立微信群，主动提供技术指导、销售信息、联系用工、提供种苗、开展病虫害群防群治、贷款担保等，有效解决了老百姓种植技术缺乏、销售信息不畅、雇工难等问题。”

盐池县惠安堡镇将要采摘的黄花

盐池县种植的黄花收获后经过晾晒销售到全国各地

党建引领产业发展，惠安堡镇 13 个村集体经济收入均达到 20 万元以上，黄花产业人均增收 3000 元以上。

近年来，盐池县严格按照党的建设“四个重要文件”要求，按照“融入脱贫抓党建、抓好党建促脱贫”的思路，充分发挥党组织战斗堡垒和党员先锋模范作用，紧扣脱贫攻坚等中心任务，抓谋划、抓创新、抓推进、抓落实，取得了良好的效果。

实践告诉我们，发挥党的领导政治优势，是打赢脱贫攻坚战的关键。特别是在基层，一项项艰苦细致的工作，都需要党员敢打硬仗、有担当、带头做，才能顺利推进，一个坚强的基层党组织发挥着重要的引领作用，是扶贫攻坚的坚强后盾。

盐池县大水坑镇二道沟村第一书记张伟虎查看合作社滩羊养殖情况

党建引领是关键。越是进行脱贫攻坚战，越是要加强和改善党的领导。实践启示我们，农村党建是精准扶贫的重中之重，必须要充分发挥好基层党组织在引领农村产业发展、推进精准扶贫中的核心作用，强化组织引领，让党组织发挥脱贫攻坚的战斗堡垒作用，引导群众脱贫致富奔小康。

抓党建促脱贫，必须强化党组织的领导作用。实现基层党建与脱贫攻坚深度融合，关键是基层党组织与党员要在脱贫攻坚实践中发挥应有作用。全县立足于此，积极引导、督促村党组织和党员积极作为、发挥作用，有力推动了脱贫攻坚各项任务落实。

抓党建促脱贫，必须充分发挥村党组织作用。要紧紧抓住发挥村党组织的一线作战优势，始终以党组织为主导，为贫困群众和经济合作组织牵线搭桥，使党组织的政治优势得到有效转化，既提升了村党组织领导农村经济工作的能力和水平，又为产业发展壮大、群众增收致富提供了组织保障。

盐池县冯记沟乡村党支部之间互相观摩交流产业发展经验

抓党建促脱贫，必须抓好党员的骨干带头作用。“党员做给群众看，群众跟着党员干。”通过实施“建强村党组织带头人、壮大农村致富带头人、选树新民风建设带头人”为主要内容的“三个带头人”工程，培养了一批具有较强双带能力的党员，成为脱贫攻坚的带头人和“急先锋”，较好地发挥了党员的示范引领作用，从而带动贫困群众共同实现脱贫致富。

## 第二节 在脱贫攻坚中锤炼干部作风

习近平总书记指出："打好脱贫攻坚战，关键在人，在人的观念、能力、干劲。"强调："要关心爱护基层一线扶贫干部，让有为者有位、吃苦者吃香、流汗流血牺牲者流芳，激励他们为打好脱贫攻坚战努力工作。"

参与过扶贫攻坚一线工作的干部都有深切的体会：扶贫是感受，脱贫是一件艰难的事情，是"难啃的硬骨头"。扶贫干部肩上扛的是沉甸甸的责任，干部的责任担当，干部的工作作风，对于打赢脱贫攻坚战至关重要。

在脱贫考核验收时，盐池干部群众在微信朋友圈传播着一篇非常火的文章：《我被感动了》。文章有一个片段写的是，一位年过半百的干部趁着午餐时间在车里睡着了，他就是盐池县人大常委会副主任袁书义。

盐池县包扶干部袁书义趁午餐时间小憩

花马池镇盈德村党支部书记杨文志带领村"两委"班子，把村集体经济搞得红红火火，培育了滩羊、肉牛养殖和黄花种植等一批增收产业。针对基础设施薄弱和群众住房危旧等问题，他奔走协调，先后争取资金 1134 万元解决了村民排污难、出行难等问题。他为人公道正派，干事实在，带领村"两委"班子赢得了群众的信任支持。

花马池镇扶贫站站长王旭红，在评估验收关键阶段，他的孩子连续多日高烧不退，县医院要求转院治疗。但他惦念着扶贫工作，始终坚守岗位，照顾孩子的责任全都压在了妻子一人身上。

盐池县扶贫办干部经常深入基层调研产业扶贫发展情况

盐池县医院帮扶干部张玉香，37 岁的高龄产妇，距离预产期不到 10 天的时候，还挺着大肚子坚守在脱贫验收第一线。

经过近几年脱贫攻坚的工作实践，盐池人深切体会到，打赢脱贫攻坚战，必须有一个有担当敢作为的好班子，必须有一支能打硬仗的好队伍，要让干部人人敢担责任、个个能扛担子，形成从上到下重视扶贫、支持扶贫的良好工作氛围，团结一致，真抓实干，才能攻坚克难，实现高标准、高质量的脱贫摘帽。

## 认识与启示

作为引领脱贫攻坚的“主心骨”，盐池县紧抓干部脱贫攻坚责任落实的经验启示我们，要打赢脱贫攻坚战，必须要以苦干实干、大干快干引领群众，凝聚力量；坚持在基层一线冲锋陷阵、在基层一线解决实际问题和困难，做

盐池县包扶干部深入农户讲解扶贫政策

到一步一个脚印抓实每一项工作，落实每一个措施，争当务实重行的带头人。

在脱贫攻坚中锤炼干部作风，必须完善责任机制，任务落实到人。要充分发挥县委总揽全局、协调各方的作用，对照“一个收入”“两不愁三保障”“三率一度”等刚性指标和脱贫攻坚目标任务，全面督查指导所包乡镇、驻村工作队和第一书记、包扶部门和帮扶责任人履职情况，及时研究解决脱贫攻坚工作中存在的困难和问题。在村级层面，由每名县领导分别包抓 1—3 个行政村，每个部门包抓 1—2 个村，部门班子成员包抓一个村民小组，每名干部包抓 3—5 户建档立卡贫困户，乡镇班子成员每人包抓 1—2 个行政村，实行包村乡镇领导负责制。

在脱贫攻坚中锤炼干部作风，必须建立完善工作制度，确保责任落实。要让各级领导干部、帮扶责任人知道在脱贫攻坚工作中干什么、怎么干，加大对各级干部的监督管理力度。县委、县政府制定了一系列有关脱贫攻坚工作制度和管理办法，强化责任落实，取得了一定成效。大水坑镇二道沟村党支部，加强党员和干部队伍建设，在立足农村党员干部熟悉基层情况、群众现状、特点优势的基础上，深入引导农村党员干部积极协助“识真贫”，主动配合“真扶贫”，全力助推“扶真贫”，切实提升精准扶贫工作质量。

盐池县领导干部脱贫富民政策培训班

在脱贫攻坚中锤炼干部作风，必须强化干部培训，做到扶贫政策熟练运用。要分层次、全方位对干部进行脱贫攻坚政策培训。同时，每年向所有干部、建档立卡贫困户编制印发脱贫攻坚宣传手册和政策读本。每年将当年出台的政策分成若干条，在建档立卡贫困户家中进行张贴，并通过微信、短信等方式及时向所有帮扶干部和建档立卡贫困户进行宣传，使扶贫知识和政策家喻户晓、人人皆知。

## 第三节 激发贫困户脱贫致富的内生动力

习近平总书记2013年视察湖南，在与湘西同州花垣县排碧乡十八洞村村干部和村民代表座谈时指出："脱贫致富贵在立志，只要有志气、有信心，就没有迈不过去的坎。"

盐池县驻村第一书记与农民在田间地头了解扶贫工作中存在的问题

习近平总书记也曾强调：扶贫必扶智。让贫困地区的孩子们接受良好教育，是扶贫开发的重要任务，也是阻断贫困代际传递的重要途径。

扶贫，"扶"只是外力，建档立卡贫困户内心强烈的脱贫意识才是内力，是核心。

盐池县通过创办扶贫车间为贫困户提供就业增收渠道

内生动力是什么？打个比喻，一枚鸡蛋，受外力破壳，只能做食物；从内部破壳而出，才能诞生一个健康的新生命。因此说，强大的生命力往往来自内生动力。

### 故事：致富不忘其他贫困户

“党的政策好，但人也要勤快，只要肯干，就不会穷……”县里脱贫致富典型、青山乡郝记台村农民张成山在讲述自己的脱贫故事时如是说。

张成山，60 多岁，为人憨厚老实，曾是村里的贫困户。在党和政府惠农产业扶贫政策的鼓舞下，张成山于 2016 年带头在自家承包的土地上种植拱棚甜瓜。为了更好地掌握甜瓜种植技术以及市场行情，张成山积极参加县、乡举办的甜瓜种植技术培训班，并专门奔赴盐池县城订购瓜苗，学习种

盐池县青山乡营盘台村种植甜瓜的小拱棚

植和田间管理技术。经过不懈的努力，他的甜瓜种植获得成功，而且比其他人家提前 40 多天上市，以自产自销的方式销售，每斤出售的价格平均都在 8 元左右。2016 年他种植的八座棚，每座棚的纯利润都在 6000 元以上，总利润突破 4 万元。

张成山脱贫后心系群众，在搞好自己产业的同时，他没有忘记村里其他贫困户。村民杨荣国夫妻均为残疾人，全家四口人的生活异常艰难；村民郝银宗全家三口人，父亲年迈残疾，夫妻均为 60 岁出头的人了，农田重体力活根本无法劳作，生活没有奔头。张成山义不容辞地为他们免费培训甜瓜种植技术，积极鼓励他们走设施农业种植的路子；还帮他们选苗购苗，为及时销售的事情跑前忙后。在他的帮助下，这两户贫困户第一年种植甜瓜的收入都突破 1 万元。2017 年，张成山被评选为全县"脱贫攻坚先进个人"。

近年来，盐池县扶贫先扶志，针对那些自主脱贫意识强烈的贫困户，在扶贫资金、产业政策等方面给予大力倾斜，他们依靠自身的不懈努力和辛勤劳作，最终摘掉了"贫困帽"，过上了衣食无忧的生活，赢得了尊重。

2017 年 8 月，盐池县青山乡种植的西瓜喜获丰收

盐池县通过教育扶贫教育质量全面提升

## 认识与启示

脱贫攻坚，关键是要拔掉贫困者内心的思想“穷根”。思想方面不脱贫，就会滋生“等靠要”思想，就会永远停留在“被动脱贫”层面。

打消“等着政府送小康”思想。从各乡镇推选脱贫典型，致富带头人深入乡、村、组开展“三先开路话脱贫”巡回宣讲活动，通过贫者说贫、典型引路，用身边的事教育身边的人，进一步激发广大群众的内生动力，有效地改变了一些贫困群众“等着政府送小康”的依赖思想。

利用文化活动，激发群众主动脱贫意识。组织开展春节、元宵节、清明节、端午节等“我们的节日”活动，弘扬中华民族优秀传统文化。坚持用社会主义核心价值观引领文艺创作，编排精准扶贫巡演节目，组织创作一批快板、三句半、小品等文艺作品，编排以“自力更生、勤劳致富”为主题的文

盐池县大力开展“三先开路话脱贫”主题演讲活动

盐池县每年都举办文化“三下乡”活动，宣传党的富民政策

艺节目，利用大篷车和“三下乡”活动巡回演出，引导困难群众正确看待贫困，激发群众主动脱贫意识。

振兴文明乡风。扎实开展移风易俗“过筛子”，治理高价彩礼、高价贺礼、大操大办、攀比炫富等情况，在行政村建立红白理事会和村规民约，对婚丧大事的桌数、菜品及随礼金额等根据各村的实际进行约定。

盐池县高沙窝镇宝塔村妇女黎惠萍荣获吴忠市“乡村好人家”等荣誉称号

盐池县实现了农村村级综合文化服务中心全覆盖

## 第四节 脱贫攻坚助推乡村振兴

### 故事："扶贫车间"实现脱贫顾家两不误

2019 年 1 月 19 日 6 时 20 分，伴随着闹铃声，盐池县大水坑镇向阳村村民冯莉萍匆匆起床，收拾屋子、做早饭，将孩子送到学校后，冯莉萍便匆匆骑着电动车赶去上班了。7 时 15 分，她赶到宁夏巨拓实业有限公司"扶贫车间"，换好工服，开始一天的工作。

"不外出务工的话没有多余的收入，出去的话老人小孩又没人照顾。"这个矛盾此前一直困扰着冯莉萍。现在她来到"扶贫车间"上班，实现了赚钱顾家两不误。

宁夏巨拓实业有限公司石膏深加工"扶贫车间"

“扶贫车间”让冯莉萍有了一份稳定的收入，“我 6 月份开始到工厂上班，现在每月可以领到 3600 元工资，工厂每月还给我们 200 元餐补费。”冯莉萍说，“工厂每天 11 时 30 分下班，13 时 30 分上班，工作之余我可以照顾小孩，务工顾家两不误。”

实现乡村振兴，产业兴旺是关键。大水坑镇以产业为核心、以项目为载体，着力打造特色鲜明的产业形态。

盐池县在脱贫攻坚过程中，切实将乡村振兴战略的落实、县域内经济的发展同脱贫攻坚有机衔接起来，产生了强大的溢出效应。2014 年至 2018 年上半年，盐池县紧紧围绕自治区“规划引领、农房改造、基础配套、收入倍增、环境整治、生态建设、服务提升、文明创建”八大工程要求，先后投入

盐池县举办电商管理培训班

资金4亿元，累计实施了大水坑镇自治区级特色小镇建设项目1个，大水坑镇、惠安堡镇、高沙窝镇、麻黄山乡美丽小城镇建设项目4个，完成美丽村庄建设项目67个，同步完成了《大水坑镇特色小城镇建设规划》《大水坑镇控制性详细规划》《高沙窝镇总体规划》《麻黄山乡美丽小城镇建设规划》等乡镇规划和美丽村庄规划编制工作。

## 打算与设想

习近平总书记指出，如何巩固脱贫成效，实现脱贫效果的可持续性，是打好脱贫攻坚战必须正视和解决好的重要问题。

作为自治区脱贫摘帽的第一个县，下一步，盐池县将把握历史机遇，把实施乡村振兴战略作为新时代“三农”工作的总抓手，以现代产业为突破口，发展多种形式适度规模经营，培育新型农业经营主体，健全农业社会化服务体系，实现小农户和现代农业发展有机衔接，全力打造全国脱贫富民示范县、乡村振兴示范县，向全面建成小康社会、实现现代化的总目标迈进。

扎实推进建设“乡村振兴、脱贫富民”两个示范县的工作进程。

一是围绕“农业强”的目标，在特色产业上实现新突破。脱贫不易、稳定更难。脱贫成果能不能提升，贫困群众能不能实现稳定可持续脱贫，关键就在产业这个“重头戏”能不能“唱好”。因此，要在提升品质上下功夫，要在打造品牌上下功夫，要在培育新型经营主体上下功夫。

二是围绕“农村美”的目标，在公共服务上实现新突破。生态宜居是乡村建设理念的升华，蕴含了人与自然之间和谐共生的关系。我们要建设生态宜居美丽乡村，就要集中精力补齐基础设施和公共服务短板，努力提升人居环境质量和层次，即深入开展农村环境整治，突出抓好基础提升工程，全面提升公共服务水平。

盐池县机械化种植马铃薯，建立特色节水农业综合示范区

盐池县冯记沟乡万亩小杂粮基地

三是围绕“农民富”的目标，在稳定增收上实现新突破。“小康不小康，关键看老乡。”生活富裕是乡村振兴战略的核心目标，也是衡量“三农”工作的基本尺度，我们所有的农村工作都必须围绕提高农民收入、提高农民生活水平这个根本来进行。一定要提升农民自我发展能力，推进就业富民；深化农业农村改革，推进创业致富；大力发展新业态，拓宽增收渠道。

重实干勇担当，全力保证建设“乡村振兴、脱贫富民”两个示范县各项工作落实落细落地。打造“乡村振兴、脱贫富民”示范县、决战全面小康的关键之战已经全面打响。能不能打好这一攻坚战，关键要靠实干。各级干部要振奋精神、实干兴宁，“实”字当头、“干”字为先，弘扬实干之风，努力在“建设美丽新宁夏，共圆伟大中国梦”的实践中展现新作为、创造新业绩、实现新发展。

一是要把实干作为政治要求和政治责任。习近平总书记多次强调“空谈

盐池县滩羊肉深加工车间

误国、实干兴邦”，指出干实事抓落实是党的思想路线和群众路线的根本要求，也是衡量党员干部世界观正确与否和党性强不强的一个重要标志。

面对打造“乡村振兴、脱贫富民”两个示范县的艰巨任务，需要盐池县每个干部都要在实干中担当作为、履职尽责，切实担当起政治责任，以对党忠诚、为党分忧、为民造福的政治担当，以守土有责、守土负责、守土尽责的责任担当，把该干的事干起来，把该抓的工作抓到位，抓出实效。

二是要以实干体现思想境界和精神状态。面对中国特色社会主义进入新时代的新形势新任务新要求，面对建设“乡村振兴、脱贫富民”两个示范县的新要求，我们强调要实干，绝不能光说不练、不能做虚功，要出实招、见实效。要认真对照脱贫攻坚各项重点任务，牢固树立权力就是责任、岗位就是任务的意识，敢于担当、主动作为，苦干实干加油干，真正把会上定的、文件上写的、嘴上说的变成具体行动和实际成效。

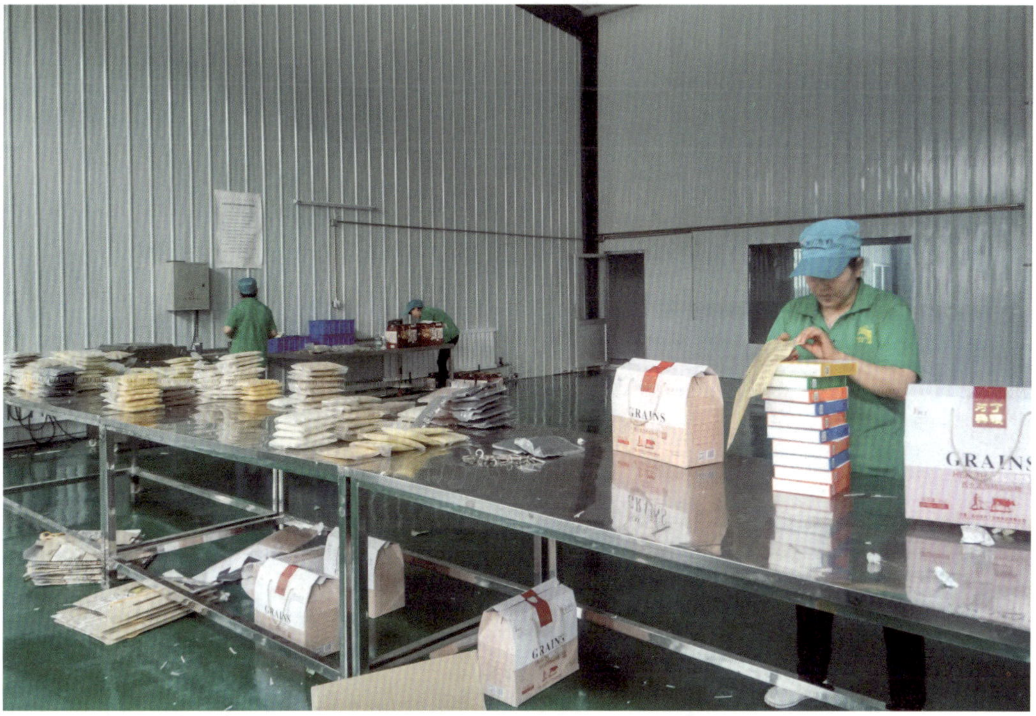


盐池县小杂粮加工产品销往全国各地

三是要在实干中增强本领和提高能力。本领和能力是干事的基础、成事的保证。没有金刚钻就干不了瓷器活，没有真本领、硬功夫就会事倍功半，也打不开新局面、创不出新业绩。全县各级党员干部必须时刻保持“本领恐慌”“知识恐慌”的危机感，在脱贫富民一线坚持学中干、干中学，长才干、壮筋骨，练就实干的真本领、硬功夫。自觉把学习当作一种政治责任、一种精神追求、一种生活方式，增强学习新知识、掌握新本领的自觉性和紧迫性，不断深化精准扶贫、精准脱贫的新成效，开拓精准脱贫的新路径，培养精准帮扶专业素养和专业能力。特别要在增强本领、提高能力的同时，大力弘扬马上就办的作风，建立健全制度化、常态化的运行机制，对看准的事、决定的事，雷厉风行、实办快办，急事急办、特事特办，让真抓实干、马上就办成为一种风气、一种常态。要进一步改进工作作风，特别要克服形式主

盐池县种植的枸杞硕果累累

义、官僚主义，对既定的工作任务一项一项盯着推进、盯着落实，盯到底、盯出成效，绝对不能搞虚套子、假把式。

四是要以实干树立鲜明导向。弘扬实干之风，必须有导向、有氛围，激发干部担当作为的内生动力，让实干精神蔚然成风。要强化正向激励，对全面小康事业充满激情、对脱贫富民工作高度负责、对具有坚强执行力的干部要给机会、有舞台、有作为。充分调动起干部干事创业的激情，在全县形成抓落实、求实效的浓厚氛围。全县干部要以舍我其谁的勇气、功成必定有我的魄力，静下心来，沉下身去，以扎实的举措、务实的作风圆满完成各项目标任务，努力开创“三农”工作新局面，以优异成绩向建党100周年献礼！

实施创新驱动发展，让产业强起来。坚持以农业供给侧结构性改革为抓手，紧紧围绕滩羊、黄花、牧草、小杂粮、中药材等特色优势产业，走高端化、标准化、规模化、品牌化、差异化发展路子，优化区域布局、调整产业结构；大力发展体验型、循环型等新产业新业态，巩固金融扶贫成果，完善风险补偿机制，健全融资担保体系，构建银行、保险、证券等协调发展的多元金融服务体系，促进一二三产业融合发展，真正将特色小产品作为脱贫富民的大产业。

坚持生态优先，让乡村美起来。牢固树立“绿水青山就是金山银山”的理念，立足生态脆弱区实际，大力实施城乡绿化、水土流失治理、荒山造林行动，构建宁夏东部区域生态安全格局。深入实施蓝天、碧水、净土“三大行动”，重拳治理大气、土壤、水环境污染，着力构建生态功能保障基线、环境质量安全底线和自然资源利用上线三大红线体系，让碧水蓝天净土成为全面小康社会的关键元素。聚焦农民对美好生活的新期待，巩固提升农村基础设施和基本公共服务均等化水平，采取政府购买公共服务手段，全面做好农村环境综合整治工作，建立生活垃圾就地无害化处理，实现生活垃圾不出村，打造乡村振兴的生态环境，不断提升群众的幸福感和获得感。

盐池县高沙窝镇设施养牛专业户

盐池县农民种植玉米喜获丰收，为发展养殖业打好基础

盐池县发展得天独厚的草原滩鸡养殖，经济效益显著

盐池县发展日光温室种植蔬果，是农民增收渠道之一

挖掘增收潜力，让群众富起来。坚持把脱贫富民作为今后发展的价值取向和工作导向，结合实施乡村振兴战略，巩固提升脱贫成果，培育壮大“旅游+”“电商+、光伏+”等富民新业态，在现有产业中挖掘增收潜力，延长农民增收致富的产业链，扶持一批专业大户、家庭农场、农民合作社等新型农业经营主体，引导群众通过参股新型农业经营主体加快发展，实现增收致富；大力发展滩羊养殖、小杂粮加工等劳动密集型产业，鼓励小微企业吸纳就业，不断扩大就业容量；通过教育引导，加大群众中长期技能培训力度，让贫困群众都有拿得出手、立得住脚的一技之长，培育一批有文化、懂技术、会经营的专业化、职业化新型农民。同时，盐池县按照“扶贫既要富口袋，也要富脑袋”的要求，以推动移风易俗、倡树文明乡风为切入点，深化群众性精神文明创建，发挥“两个带头人”作用，重点开展诚信教育、家风

盐池县生产加工的滩羊二毛裘皮产品

培育、无访乡村创建、贫困群众讲脱贫故事等活动，采取生产奖补、劳务补贴等办法，大干大支持、多干多支持，教育引导群众依靠自己的双手自力更生，形成健康向上的精神风貌，不断提高人民群众的富裕程度和生活质量，实现乡风民风建设与全面建成小康社会协调发展。

已过千山万水，仍需跋山涉水。对于盐池县而言，脱贫摘帽既是完成时，也是进行时。下一步，不仅要做好稳定可持续脱贫的文章，还要通盘考虑脱贫之后的富民路径，全面小康，奋进的脚步依然在路上！

盐池滩羊
记在心里的味道

盐池县滩羊系列产品——仿古地毯

盐池县惠安堡镇贾家圈灌区黄花种植示范区：实施高效节水灌溉工程，发展高效节水面积 2.9 万亩，全县高效节水总面积达到 42.3 万亩，占全县农田总灌溉面积的 90% 以上

05

Chapter

# 贫困再见，小康你好

“贫困再见，小康你好。”简单的一句话，却是盐池县与贫穷困苦最郑重的道别。盐池县在宁夏九个贫困县区中第一个实现脱贫摘帽的消息，沸腾了这个革命老区的山乡四野。

“贫困再见，小康你好。”简单的一句话，却是盐池县与贫穷困苦最郑重的道别

## 第一节 “我们脱贫了”

贫困户王飞初五“送穷”。

2017年大年初五，讲究扔垃圾送穷。一大早，花马池镇佟记圈村建档立卡户王飞就将不少“垃圾”拎出家门。

“有些石头、金属制品等小玩意，是以前穷的时候捡来消磨时间的。”王飞告诉记者，扔掉的“垃圾”里，一部分曾经是自己的“宝贝”，现在扔掉，稍有不舍。

一旁来拜年的村支书王向东笑着调侃：“现在你忙着挣钱致富，也没时间‘消磨’了吧？”王飞现在确实忙，说着说着便在大铁盆中拌起羊饲料

发展滩羊产业是盐池县脱贫攻坚的重要举措

盐池县麻黄山乡农民自编自演的道情《脱贫攻坚见实效》

来。他告诉记者，后院两座养殖棚里养着130只羊，现在正值生长关键期，营养得跟上。

可去年此时，王飞却是令村干部头疼的“消磨户”，家里虽有30只羊、18亩地，但日子过得懒乏、清贫，拖了佟记圈村这个全国文明村脱贫致富奔小康的后腿。

“我们这儿有句土话叫‘穷懒乏不吃’，意思是人穷惯了就没有盼头干劲，生活得过且过、顺其自然。”王向东直言，农村脱贫致富的关键就是王飞这类“消磨派”能否转变“有吃即安”的思想。为了让王飞转变思想，佟记圈村采取了“村党支部＋合作社＋贫困户”的定点帮扶举措。然而，王飞面对不断上门的干部说：“我的日子现在又不是过不下去。”就在村干部为如何扭转王飞思想而绞尽脑汁时，一个好消息从天而降：王飞的大女儿在2016年考上了宁夏师范学院，成了村里近年来屈指可数的大学生。机不可失，村干部开始借着这个由头轮番往王飞家跑。“你家女子考上了大学，学费生活费你得挣吧！”“你小儿子聪明，更要抓紧好好念书。”……句句苦口婆心，终于让王飞有些心动："现在干啥都要钱，我没钱，能干啥？"

"只要你有想法，我们就有办法。"王向东给他打气，"你会养羊，只要扩大养殖规模肯定挣钱，再加上打工收入和政府补贴，年底收入绝对翻番。"

"我们村里有产业，靠着全国文明村的名声就能贷下款，互助社再帮衬点，你致富的启动资金没啥问题！"王向东语气中颇为自豪。互助社贷了3万元、农行贷了5万元、信用社贷了5万元，有了这13万元，王飞将滩羊养殖从35只扩大到了130只，并在村干部的建议下将家里18亩地全部用来种植饲料。羊养多了，"消磨"的时间就少了。王飞说，自打那时起，他就很少有机会外出乱转了。"人一动起来，精气神就不一样了。"他说。一年的辛勤劳作换来了5万元的收入。王飞说："初五送穷，对我来说就是送掉过去的穷懒思想。小康路上没闲人，撸起袖子加油干。"

盐池县百姓们对未来的美好生活充满了更多期待，奔小康的脚步更加稳健。

盐池县举办首届黄花观赏采摘节

## 第二节 “有了党的好政策，才有了我们今天的好日子！”

“以前全家人一年才有5000元的收入，为了生活还有不少贷款。现如今，不光还清了贷款，还养了近百头羊。”王乐井乡王吾岔村村民尤金禄说。

据尤金禄介绍，他最初开始搞养殖，因为没有形成规模，收入并不高。2016年，尤金禄看准时机，下决心一次性贷款5万元，买了100多头羊，扩大了养殖规模。如今，尤金禄每天的工作就是割草、喂羊、打扫圈舍等。2018年，尤金禄和老伴年收入都过了万元，还搬进了宽敞明亮的新房子。现在尤金禄家已经从建档立卡户变成了村里的脱贫示范户，不光搞滩羊养殖，还种了20多亩地，两个儿子都在城里成了家。“村上有了这些脱贫富

盐池县县乡村层层评选最美家庭、道德模范、致富带头人等，激发群众参与脱贫攻坚的积极性

民的好政策，我们只管撸起袖子加油干。”尤金禄说，如今过上的幸福生活，都是在当地政府帮扶政策下，自己一步步努力得到的结果。“要是自己不努力，再好的政策也是白搭。”

当问到新年有什么愿望时，尤金禄说：“我准备去考个驾照，再买个小汽车，平时也能带着老伴去城里看看孩子们。”2019 年，尤金禄准备继续扩大养殖规模，让自己的收入再翻上几番。“我和老伴所有的心思都在这些羊身上，辛苦一点，值得！”

人起心发，树起皮发。盐池县树立多干多支持、大干大支持的激励导向，表彰脱贫致富典型户、脱贫攻坚优秀工作者 320 名，奖励 1000 名农村致富带头人 300 万元；深入开展“三先开路话富民”等主题巡回宣讲 120 场次，扎实推进“三破三立”大讨论、“移风易俗、弘扬新风”等活动，引导群众树立自主脱贫、光荣致富新风尚，逐步实现了从“推着走”到“主动干”的转变。

盐池县通过多年坚持治沙造林，如今的生态环境焕然一新

## 第三节 “明天一定更加美好”

看着眼前的新房，官胜山感触颇深。从2016年春上开始打地基到封顶，官胜山是一天天看着它“长大”的。

新房就建在老屋的不远处。这几天，屋里面一天一个变化，眼看着锅台砌了、炕也打了，就差吊顶了，官胜山心里有种说不出的欢喜。

官胜山是花马池镇冒寨子村人，今年48岁。眼前的这间老屋，还是他父亲留下来的，已近30年。一到刮风天，屋里厚厚一层土。若不是家里穷，他早该建房，或者像其他村民一样搬到镇上或县城住了。由于官胜山夫妻二人身体残疾，一直靠低保勉强维持生活，是村里的建档立卡贫困户。当年，全村共有72户贫困户，其中兜底户15户。前几年，官胜山因为一场大病差点儿丢了性命，人瘦得皮包骨头，才有60斤重，在家躺了一年。当初村里确定兜底户时，鉴于官胜山家里的情况，村干部不是没有考虑，可官胜山不愿意当“兜底户”，他想养羊、种田，还想着往前奔。“主要是现在政策这么好，而且今年身体也比往年好些了，能干点啥总比蹲在家里强。”憨厚老实的官胜山向村干部吐露心声。

听到老官的这番话，村干部也感到精神振奋，三天两头往他家跑，为他量身定制了脱贫方案，帮助他解决生产发展中遇到的实际困难。年初，官胜山贷款5万元，新建了三座羊棚，养了50多只羊，在30多亩地里种上了玉米、苏丹草等，还在自家院落旁边新建了房屋。“新房子，我一分钱都没花，是政府出资盖的。修建羊棚，政府也有补贴，过两天钱就到账了，到时候，再买几只羊，到了年底，羊肉价格还会涨哩。”

2016年，官胜山家里喜事不断。如果说建新房和新羊棚是第一喜的话，那么改造后的农电，无疑给老官家的生产助力加油，这一点，官胜山深有感

盐池县因地制宜发展特色优势产业，不断夯实脱贫攻坚产业基础

触。过去家里的电仅够照明用，喂羊的草料都是用铡刀人工铡，干一天，还不够几十只羊吃一顿的。如今，铡草机用上了，一会儿工夫就解决问题，省力又省时。这不可不谓第二喜。第三喜当然是家门前新修的这条路了。这条新路通往村部，长 6.9 公里，虽然路才推开，连石子都还没有铺，却让老官看到更多的希望。活了这么大岁数，要不是前年生病住院，官胜山连盐池县城都没去过，更别说他人嘴里常念叨的吴忠市和银川市了。

“收成好了，羊卖上价了，就领上老婆子，到银川看女儿去。”官胜山说。老两口只有一个女儿，今年在银川读高三。老两口大字不识，这些年来，不管家里多难，老官一门心思支持女儿好好念书，女儿是他们最大的希望。脱贫之后，他也相信自家的日子会一天比一天好，会努力早日奔向小康。

《盐池是个好地方》孙学翔演唱

盐池县滩羊小镇——一年一度的滩羊美食文化旅游节永久举办地

盐池县城新区建设方兴未艾

# 后 记

EPILOGUE

中国的扶贫开发工作，持续进行了近40年时间。党的十八大以来，精准扶贫、精准脱贫成为各级党委、政府“三农”工作的重中之重。记录好实施精准扶贫、精准脱贫这一伟大的社会工程，具有重要的社会价值和历史意义。

编纂《中国脱贫攻坚　盐池故事》是根据国务院扶贫办的安排，组织编写班子，按照编纂体例和编写规范，撰写编纂大纲，经有关部门审订后随即开始编写。编辑组挑灯夜战，加班加点，分工协作，相互配合，牺牲节假日，在很短的时间内完成了初稿，随后多次组织有关部门和相关领导及专家讨论评审，后经数轮修改，终成是书。

谋局开篇易，尽善尽美难。编纂《中国脱贫攻坚　盐池故事》，尚未有足可借鉴之佳作范本，加之脱贫攻坚工作政策性强，又涉及社会的方方面面，牵动了众多行业和部门，编纂难度较大。本书在编纂过程中，得到了国务院扶贫办、盐池县相关领导和各乡镇、有关部门的大力支持和配合，特别是得到了《宁夏日报》《吴忠日报》的大力支持，在此一并表示感谢。由于编者水平有限，难免挂一漏万。不足之处，敬请指正。

本书编写组

2019年2月